쿤달리니 세계
금강경

금강경

쿤달리니 세계

김득주 지음

보문사

머리말

금강경은 부처의 정신세계를 요약해서 설명하고 있다. 부처가 되기 위해서는 아상 즉 '나'라는 자의식이 없어야 하고 사물을 접하되 그 대상에 마음이 얽매이지 않으며 형상이나 관념에 집착하지 않아야 한다는 것이 그 조건이다.

이상의 의식 상태가 부처의 자격 요건이라면 사람으로서는 부처를 닮아 가는 것조차 거의 불가능하다. 아무리 수행을 한다지만 생각으로 생각을 제어할 수 없기 때문이다. 금강경은 부처가 될 수 있는 방법으로 아뇩다라삼먁삼보리의 깨달음을 얻어야 한다고 깨우친다.

일명 반야바라밀이라고도 부르는 이 깨달음을 석가모니 부처님 이후 터득하는 방법을 알아낸 수행자는 공식적으로는 어디에서도 나타나지 않았다. 인도에서는 그 수행하는 방법이 쿤달리니가 각성되어야 가능하다는 사실을 알고 있었지만 각성 후유증 때문에 접근할 수 없었다.

이제 쿤달리니를 어렵지 않게 각성할 수 있는 방법이 개발되었고 완성하는 방법과 초월적인 명상까지 곁들여 공부하는 상세한 방법이 세상에 나오게 되었다. 쿤달리니의 세계가 아뇩다라삼먁삼보리의 깨달음이고 곧 부처의 의식세계임이 밝혀진 것이다. 따라서 부지런히 쿤달리니를 통한 명상수행을 한다면 성명쌍수 즉 최상의 건강을 유지하면서 삼해탈인 무념과 무상, 무주라는 최고의 이상향이 자신에게 서서히 다가옴을 느끼게 될 것이다.

금강경의 본래 이름은 바즈라쩨디까 쁘랏냐 빠라미타 수트라로 벼락처럼 강하고 빠르게 고통에서 벗어나 완전한 지혜를 갖추게 한다는 가르침이다. 이 경은 인도에서 대중 불교운동이 일어나기 시작한 기원전 2세기 초에 쓰인 반야경 가운데 가장 초기 경전으로 추정된다.

중국이 불교와 만나는 시기는 석가 입멸 후 500년이 지난 무렵 인도에 반야불교가 한창일 때였다. 금강경은 AD 402년 중국에서 처음 출간되었고 520년경 양무제(梁武帝)의 아들인 소명태자가 이 경을 보다 쉽게 이해할 수 있도록 32장으로 분류하고 각 장마다 소제목을 붙여 편집한 것이 오늘에 이르렀다.

금강경은 6조 혜능 이후의 소의경전이며, 한국 불교에서도 가장 많이 읽히는 경전으로 불교의 교리와 기본 사상을 함축하고 있다. 그러나 금강경을 열심히 읽고 외우더라도 이 경의 뜻을 바르게 이해하기가 쉽지 않다.

이 경은 중생들이 읽고 깨달아 영원히 어리석은 마음을 쉬게 하려는 의도인데 그 뜻을 이해하지 못함은 최상의 바른 깨달음이란 아뇩다라삼먁삼보리의 깨달음으로, 생각이 일어나지 않고 분별하지 않으며 집착하지 않는 부처의 마음을 그린 것이기 때문이다.

깨달음으로 인한 의식의 대변혁은 사람과 부처를 완전히 격리시켰으며 따라서 사람으로서는 아무리 반야경을 수지하고 독송하더라도 이해할 수 없게 되고 말았다. 아뇩다라삼먁삼보리를 공부하는 방법이 수지독송이라 하였지만 아무리 몸에 지니고 다니면서 읽고 외우더라도 그 정도로는 쿤달리니의 각성이 거의 불가능하다. 또한 각성한다 하더라도 각성 이후 공부하는 방법이 전해진 바가 없다.

쿤달리니와 초월적인 명상을 함께 공부한다면 견성이라는 전의, 무아, 진아까지도 다다를 수 있다. 바로 석가모니 부처님이 수행했던 정각 과정을 그대로 뒤따르게 된다. 쿤달리니를 각성하면 후유증으로 상당한 고통을 겪는 것으로 사람들은 알고 있다. 자연각성을 할 경우의 현상이다. 그러나 새로운 공부 방법에 따라 공부한다면 하루가 다르게 몸이 건강해지고 영성이 진화함을 인식할 수 있다. 수행하는 방법도 전문적인 수행도량을 찾아 어려운 수행자 생활을 감내할 필요 없이 사회생활을 병행하면서도 가능하다.

이 책을 펴낸 동기는 우선 능가경과 대반열반경을 숙독하면서 부처의 수행방법이나 의식의 변화가 쿤달리니를 완성하고 초월 명상을 통해 공부하는 현상과 동일하다는 확신이 섰기 때문이다. 또한 이제까지의 금강경은 의미와는 상관없이 오직 글자를 풀이한 한문(漢文) 대본을 우리 글로 번역한 것이어서, 본래의 뜻을 밝혀 수행자들에게 전하기 위함이다.

아뇩다라삼먁삼보리의 깨달음에 마음을 일으켜 수행하고자 하는 이는 쿤달리니와 더불어 명상을 함께 수련하면서 능가경을 교과서로, 대반열반경과 금강경, 반야심경을 참고서 삼아 행(行)과 증(證)을 직접 체험하면서 공부할 것을 권고한다.

寂玄齋에서
玄德 金得柱

차례

■머리말 4

1. 법회가 열린 인연(法會因由分) 10
2. 장로 수보리 법을 청하다(善現起請分) 14
3. 대승의 바른 뜻(大乘正宗分) 18
4. 아름다운 행은 머물지 않는다(妙行無住分) 28
5. 이치대로 참모습을 보면(如理實見分) 34
6. 바른 믿음은 희귀하다(正信希有分) 42
7. 얻음도 없고 설함도 없다(無得無說分) 50
8. 법에 따라 출생하다(依法出生分) 60
9. 하나의 상도 상이 없다(一相無相分) 67
10. 불국토를 장엄하다(莊嚴淨土分) 75
11. 무위의 복은 뛰어나다(無爲福勝分) 83
12. 올바른 가르침을 존중하다(尊重正敎分) 86
13. 이 경을 수지하는 방법(如法受持分) 90
14. 상을 떠난 적멸(離相寂滅分) 100
15. 경을 수지하는 공덕(持經功德分) 110
16. 업장을 맑게 하는 공덕(能淨業障分) 118
17. 구경에는 '나'가 없다(究竟無我分) 123
18. 분별없이 관찰함(一體同觀分) 137
19. 법계를 다 교화하다(法界通化分) 143

20. 형상과 분별을 떠남(離色離相分) 145
21. 설하고 설하지 않음이 없다(非說所說分) 148
22. 얻을 것이 없는 법(無法可得分) 151
23. 깨끗한 마음으로 행하다(淨心行善分) 156
24. 복과 지혜는 비교할 수 없다(福智無比分) 159
25. 교화한 바가 없다(化無所化分) 162
26. 법신은 형상이 아니다(法身非相分) 166
27. 끊어지고 없어지지 않는다(無斷無滅分) 170
28. 누리지 않고 탐하지도 않는다(不受不貪分) 180
29. 위의는 적정하다(威儀寂靜分) 184
30. 하나로 된 이치의 참모습(一合理相分) 186
31. 지견은 일어나지 않는다(知見不生分) 190
32. 응화신은 진실이 아니다(應化非眞分) 195

부록
대자유인의 길 200

1. 법회가 열린 인연(法會因由分)

　　이와 같이 나는 들었습니다.
　　어느 날 부처님께서 사위국의 기수급고독원에서 일천이백오십 명의 큰 스님들과 함께 계셨습니다.
　　그때 세존께서는 공양 드실 때가 되었으므로 가사를 입으시고 발우를 들고 사위성에 들어가서 걸식을 하였습니다. 성 안에서 차례대로 걸식하여 마치시고 본래의 처소로 돌아와 공양을 마치신 뒤 가사와 발우를 거두시고 발을 씻은 다음 자리를 펴고 앉으셨습니다.

　　如是我聞一時佛在舍衛國祇樹給孤獨園與大比丘衆千二百五十人俱爾時世尊食時著衣持鉢入舍衛大城乞食於其城中次第乞已還至本處飯食訖收衣鉢洗足已敷座而坐

　　여시아문(如是我聞) '나는 이와 같이 들었습니다'. 아난이 이와 같이 들었다는 것은 금강경이 자신의 설법이 아니고 부처님이 설한 대로 그대로 구술했다는 뜻.
　　일시(一時) 스승과 제자가 다 함께 모인 때이고 '불'은 법을 설한 부처님을 가리킨다. '사위국'은 부처님이 계실 때는 바사익 왕(王)이 다스리던 나라다.

불(佛) 부처의 준말로 범어를 한자음으로 표기한 말. 부처는 중국어로 '깨달은 이'라 번역한다.

기수(祇樹) 기타태자가 보시한 나무이고 '급고독원'은 수달장자가 지은 절의 이름이다. 기타태자는 바사익 왕의 아들이며 수달장자는 불우한 처지에 있는 많은 사람들을 도와서 급고독(給孤獨)이라 부를 정도의 자선가였다. 인도에서는 절을 승가람(僧伽藍)이라 하는데 중국에서 이를 중원(衆園)이라 번역하였다. 그러므로 기수급고독원은 기타태자와 수달장자가 함께 조성하여 부처님과 그 제자들에게 기증한 절이다.

대비구(大比丘) 대아라한이고 비구는 원래 범어인데 중국, 한국에서는 스님을 가리켜 비구라 부른다. '중'은 많다, '구'는 함께라는 뜻이다.

이시(爾時) 바로 '이 때'를 말한다. '식시'란 오전 7시부터 9시 사이이므로 부처님께 공양을 올릴 때인 사시(巳時)가 가까워진 시간이다.

착의지발(著衣持鉢) 옷을 입고 발우를 들었다는 의미. '걸식'은 음식을 빌어먹는다는 의미인데 여래께서 중생들에게 마음을 낮추는 모습을 보이신 것.

차제(次第) 빈부를 가리지 않고 차례로, 중생들을 평등하게.

걸이(乞已) 탁발을 많이 하더라도 일곱 집을 넘지 않고 더 이상 가지 않는 것을 말한다. 탁발(托鉢)은 비구가 밥그릇인 발우를 가지고 시중에 나가 음식을 얻는 것을 말함. 걸식(乞食)이라고도 함. 출가자의 생활 수단으로 그 방법에는 엄중한 규율이 정해져 있다. 탁발은 스님들의 가장 간단한 생활 모습을 보여주는 것인데 첫째 아집(我執)과 아만(我慢)을 없애고 둘째 보시하는 이의 복덕을 길러주는 공덕이 있으므로 부처님 당시부터 승려들이 행하였다.

환지본처(還至本處) 부처님께서 모든 비구는 신도들의 초청이 있기 전에는 신도의 집에 가서는 안 된다는 규칙을 정하셨기에 모두 함께 돌아왔다는 의미이다.

세족이(洗足已) 발을 씻는 것은 여래도 보통 사람들과 다른 점이 없는 까닭에 발을 씻음.

부좌이좌(敷座而坐) 여래께서 설법하고자 할 때는 자리를 펴고 앉았다.

이와 같이 나는 들었습니다. 어느 날 부처님께서 사위국의 기수급고독원에서 일천이백오십 명의 큰 스님들과 함께 계셨습니다. 그때 세존께서는 공양을 드실 때가 되었으므로 가사를 입으시고 발우를 들고 사위성에 들어가서 걸식을 하셨습니다. 성안에서 차례대로 걸식하며 마치시고 본래의 처소로 돌아와 공양을 마치신 뒤 가사와 발우를 거두시고 발을 씻은 다음 자리를 펴고 앉으셨습니다.

기수급고독원과 사위성은 약 1마일 정도 떨어져 있다고 한다. 세존과 그 제자들은 하루 한 끼 식사를 하기 위해 매일 왕복 10리 길을 걸어 사위성에 들어가 밥을 얻어 다시 가져와 고독원에서 식사를 하였다고 한다.

세존께서는 출가를 하였다 하나 일국의 왕자였으며 많은 나라 왕의 귀의를 받고 삼계의 도사로서 추앙받고 있었다. 하루 한 끼 밥이 궁하지는 않았을 터인데 그처럼 번거로운 생활을 하심은 무슨 까닭일까.

첫째 연기법으로서 복전(福田)을 중생에게 가르치기 위함이다. 불보살과 수행자, 부모와 고통을 받는 사람들을 공경하여 보살피고 베풀면 복덕과 공덕을 받게 되므로 이를 밭에 비유해서 복전이라 한다.

대부분의 사람들은 남에게 베푸는 것을 싫어한다. 그러나 세상의 이치는 주어야 받을 수 있다. 주위 사람들로부터 칭

송과 존경을 받으면 사람들이 모이고 그 가운데서 부(富)와 귀(貴)가 만들어진다. 남을 도와주고 보살피는 것이 당장은 손해를 보는 듯하지만 언젠가 그 덕에 대한 혜택이 되돌아온다. 즉 남에게 베푸는 것이 자신을 이롭게 한다는 평범한 진리를 일깨워주기 위해서이다.

둘째 수행자의 정신적 자세를 가르치기 위함이다. 구걸을 하려면 고개를 쳐들고 당당하게 밥을 빌 수는 없다. 체면과 자존심을 모두 버려야 가능하다. 고개를 숙여야 하고 겸손해야 한다. 수행은 '나'라는 아상(我相)을 깨트리는 것부터 시작한다. 수행단체에서는 많은 사람들이 함께 공부하는데 그 속에서 세속에서처럼 '나'를 의식한다면 수행할 수 없다.

셋째 무소유행을 가르치기 위함이다. 수행을 하려면 사회에서 가졌던 재산이나 인연 등 모두를 버리고 떠났지만 과거의 집착에서 벗어나는 일이 쉽지 않다. 따라서 구걸은 곧 가진 것이 아무 것도 없음을 의미한다. 가진 것이 없으면 늘리거나 줄어들 리 없고 지켜야 할 일도 없으므로 수행에 전념할 수 있기 때문이다.

2. 장로 수보리 법을 청하다(善現起請分)

 그때 대중 가운데 있던 덕이 높으신 수보리 장로가 자리에서 일어나 오른쪽 어깨를 드러내 옷차림을 바르게 하고 오른쪽 무릎을 땅에 대며 합장하고 공경하면서 부처님께 여쭈었습니다.
 "희유하십니다. 세존이시여! 여래께서는 보살들을 잘 보살펴 주시며 배운 가르침을 잘 실천할 수 있도록 격려해 주십니다. 세존이시여! 선남자 선여인이 최상의 깨달음에 마음을 일으킨 이는 마음을 어디에 두어야 하며 생각은 어떻게 다스려야 합니까?"
 부처님께서 말씀하셨습니다.
 "참으로 좋은 질문이다. 수보리여! 그대의 말과 같이 여래는 보살들을 잘 보살피고 배운 가르침을 잘 실천할 수 있도록 격려하느니라. 그대는 자세히 들어라. 마땅히 그대들을 위하여 설하리라. 최상의 깨달음에 마음을 일으킨 이는 반드시 이와 같이 마음을 두어야 하며 이와 같이 마음을 다스려야 한다."
 "예, 그렇게 하겠습니다. 세존이시여! 바라건대 말씀하십시오"

時長老須菩提在大衆中卽從座起偏袒右肩右膝著地合掌恭敬而白佛言希有世尊如來善護念諸菩薩善付囑諸菩薩世尊善男子善女人發阿耨多羅三藐三菩提心應云何住云何降伏其心佛言善哉善哉須菩提如汝所說如來善護念諸菩薩善付囑諸菩薩汝今(제)聽當爲汝說善男子善女人發阿耨多羅三藐三菩提心應如是住如是降伏其心唯然世 願樂欲聞

장로(長老) 덕이 높고 나이가 많은 분. 혜명(慧命)이라고도 한다. 들은 바가 많고 식견이 있다는 뜻이다. 아난이 비구의 명칭에 대해 묻자 "나이가 많은 이는 장로라 부르고 어린이는 그냥 이름을 그대로 부르라"는 중아함의 구절에서 장로라는 호칭이 시작되었다고 한다.

수보리(Subhuti) 중국어로 번역하면 선길(善吉), 선현(善現), 공생(空生)의 세 가지 뜻이 있다고 한다. 수보리는 세존의 제자 가운데 법이 공한 이치를 맨 처음 깨달은 10대 제자이며 해공제일(解空第一), 무쟁제일(無諍第一)의 칭호를 받았다. 제 2분의 제목 선현은 수보리의 호이다.

희유(稀有) '세상에 이런 분은 없다'라는 뜻으로 부처님을 찬탄하는 말이다.

잘 보살펴(善護念) '밖으로 악이 침범하지 못하게 하는 것이 호(護)며 안으로 선(善)을 내게 하는 것이 념(念)'이라는 의미이다.

잘 격려해(善付囑) 근기가 아직 숙성되지 못한 보살이 혹시 공부에서 물러날 것을 염려하여 지혜 있는 이에게 부탁한다는 의미가 있다.

보살(菩薩) 범어 보리살타의 한역으로 도중생(道衆生), 각유정(覺有情), 도심중생(道心衆生)이라 한다. 보살은 무상보리를 구하여 중생에 이익되게 하고 모든 지혜를 닦아 장차 부처가 되기를 원하는 사람, 즉 깨달은 중생을 가리킨다.

선남자 선여인(善男子善女人) 불법(佛法)을 만나 이를 믿고 수행하는 공덕을 짓는 남녀, 또 도덕성이 강한 사람들을 말한다. 따라서 재가(在家) 출가(出家)를 막론하고 불법을 믿고 행하며 따르는 사람들을 총칭한다.

아뇩다라삼먁삼보리(Anuttar Samyak Sambodhi) 가장 올바른 최상의 깨달음, 바르고 원만한 깨달음이다. 이를 무상정편지(無上正遍智), 무상정등정각(無上正等正覺), 무상정등각(無上正等覺) 등으로 번역했다. 무상은 최고, 최상을 말하고 정편지는 모든 법의 진리를 깨달아서 알게 된 것을 말한다. 반야바라밀과 같은 뜻이다.

그때 대중 가운데 있던 덕이 높으신 수보리 장로가 자리에서 일어나 오른쪽 어깨를 드러내 옷차림을 바르게 하고 오른쪽 무릎을 땅에 대며 합장하고 공경하면서 부처님께 여쭈었습니다. '희유하십니다. 세존이시여! 여래께서는 보살들을 잘 보살펴 주시며 배운 가르침을 잘 실천하도록 격려해 주십니다. 세존이시여! 선남자 선여인이 최상의 깨달음에 마음을 일으킨 이는 마음을 어디에 두어야 하며 생각은 어떻게 다스려야 합니까.'
부처님께서 말씀하셨습니다. '참으로 좋은 질문이다. 수보리여! 그대의 말과 같이 여래는 보살들을 잘 보살피고 배운 가르침을 잘 실천할 수 있도록 격려하느니라. 그대는 자세히 들어라. 마땅히 그대들을 위하여 설하리라. 최상의 깨달음에 마음을 일으킨 이는 반드시 이와 같이 마음을 두어야 하며 이와 같이 마음을 다스려야 한다.' '예, 그렇게 하겠습니다. 세존이시여! 바라건대 말씀하십시오.'

세존께서 살아 계실 때에는 의복이 지금과 달라서 스승에 대한 제자들의 의식이 상당히 번잡스러웠던 듯하다. 우선 대중들과 함께 앉아 있었으므로 몸과 입, 뜻[身口意]을 바르게 하고 일어서는 것이 스승을 공경하는 자세였을 것이다. 그리고 제자들이 질문을 할 때에는 다섯 가지 의식을 행하는 것이 관례였다 한다.

첫째 자리에서 일어나기 둘째 의복을 단정히하기 셋째 오른쪽 어깨에 옷을 걸어매고 오른 무릎을 땅에 꿇기 넷째 합장하고 얼굴을 우러러보아 잠시도 눈을 돌리지 않기 다섯째 한 마음으로 공경하여 질문하기 등이다. 수보리는 이 다섯 가지 의식 절차에 따라 질문하고 있다.

최상의 깨달음이라는 아뇩다라삼먁삼보리에 대해서 상세히 설명한 경(經)은 없다. 오직 능가경만이 '모든 보살마하살이 이 상(相)을 떠나 속히 아뇩다라삼먁삼보리를 얻어 마땅히 무상정등각을 이루게 하고자 하나이다'라 하여 그 의미를 유추할 수 있다.

불교사전에는 아뇩다라삼먁삼보리를 무상정편지, 무상정등각이라 하여 모든 법의 진리를 깨달아서 알게 된 것을 말하며 부처라면 당연히 이 아뇩다라삼먁삼보리를 자증(自證)해야 하는 것이라고 능가경은 말하고 있다.

3. 대승의 바른 뜻(大乘正宗分)

부처님께서 수보리에게 말씀하셨습니다.

"모든 보살마하살은 다음과 같이 그 마음을 다스려야 한다. 알에서 태어난 것이나 태에서 태어난 것이나, 습기에서 생기는 것이나 변화하여 태어난 것이나, 형상이 있는 것이나 형상이 없는 것이나, 생각이 있는 것이나 생각이 없는 것이나, 생각이 있는 것도 아니고 없는 것도 아닌 온갖 중생을 모두 무여열반에 들게 하리라. 이와 같이 헤아릴 수 없이 많은 중생을 제도하였으나 실은 제도를 얻은 중생은 없느니라.

왜냐하면 수보리여! 만약 보살이 '나'라는 상, '남'이라는 상, 중생이라는 상, 수명에 대한 상이 있다는 생각이 있으면 보살이 아니기 때문이다."

佛告須菩提諸菩薩摩訶薩應如是降伏其心所有一切衆生之類若卵生若胎生若濕生若化生若有色若無色若有想若無想若非有想非無想我皆令入無餘涅槃而滅度之如是滅度無量無數無邊衆生實無衆生得滅度者何以故須菩提若菩薩有我相人相衆生相壽者相卽非菩薩

보살(菩薩) 바라밀행을 닦아서 불타의 깨달음을 성취하려는 사람을 말한다. 보살에는 많은 계위(階位)가 있는데 그 중 무상보리를 구하는 수행자, 즉 10지 이상의 최상위 보살에게는 마하살을 붙여 구별한다. 보살마하살이라 불리는 보살은 관세음보살, 지장보살, 대세지보살 등이 있다.

수보리 (Subhuti) 선길(善吉), 선현(善現), 공생(空生) 등으로 번역되었다. 사위국 바라문의 아들로 태어나 천성이 총명하였으나 성질이 나빠 늘 화를 내었으므로 주위 사람들로부터 쫓겨나 집을 나왔다. 사방으로 돌아다니다가 기원정사에서 공(空)의 도리를 깨달아 다시는 화를 내지 않았으므로 해공(解空)제일, 무쟁(無諍)제일의 칭호를 받았다. ,

무여(無餘) 궁극에 이르러 남겨둔 것이 없는, 즉 번뇌가 없다는 의미이다. 무여열반(無餘涅槃)은 일체 번뇌를 단절하여 육체 등 생존의 제약에서 완전히 벗어나 영원히 평안만이 있는 상태. 따라서 다시는 윤회하지 않아야, 즉 삼계에 태어나지 않아야 무여열반이다.

유여(有餘) 나머지가 있다는 뜻으로, 수행하여 번뇌는 끊어져 일어나지 않지만 육신은 살아있는 상태의 열반이다. 수행자가 정진하여 완전한 깨달음을 얻어 부처가 되었다 하더라도 살아있는 동안은 육체가 있어 마음이 속박되므로 나머지가 있다고 하여 '유여'라 한다. 그러나 깨달은 이가 사망 즉 육체를 벗어버리면 그때 비로소 무여열반이라 한다.

습생(濕生) 4생의 하나. 습기(濕氣)에서 태어나는 것으로 벌레 등을 말한다.

멸도(滅度) 생과 사의 큰 환난을 없애서 번뇌의 바다를 건넌다는 뜻. 번뇌와 습기, 일체 업장이 다 멸하여 다시 남음이 없으므로 대해탈이라 한다.

무량무수무변(無量無數無邊) 헤아릴 수 없이 많다는 의미.

아상(我相) '나'라는 생각을 말한다. '나'라는 것은 5온이 화합하여 만들어진 조작된 허구인데 그것을 실재하는 '나' 하고 또 내 것이 있다고 하는 생각이다.

인상(人相) 나는 사람으로 남과 다르다고 하는 집착이다.

중생상(衆生相) 나는 많은 살아있는 사람 가운데 하나라는 생각 또는 생존하고 있다는 생각이다.
　수자상(壽者相) 오래 살고 싶어 하는 생각 또는 태어나면서부터 일정한 수명이 있다고 여기는 생각이다. 이 아상, 인상, 중생상, 수자상을 사상(四相)이라 한다. 사람들은 이 사상의 틀에 맞춰서 '나라는 의식이 만들어지고 밖으로 '나'를 내세운다. 따라서 사상의 틀에 얽매여 있으면 중생이고 이 틀을 벗어나면 부처가 된다.
　전의(轉依) 저열한 법에 의지함을 버리고 수승한 법에 의지함으로써 성취되는 과(果). 저열한 법에 의지함이란 세상의 의식, 즉 번뇌에 의지하여 사는 것을 말하고 수승한 법은 번뇌를 여의고 무념, 무상, 무주의 상태가 되는 것을 말한다. 선교에서는 이 전의를 견성 또는 돈오(頓悟)라 한다. 순간적으로 뛰어서 구극의 깨달음에 이르는 것을 돈오라 하는데 의식이 전도되는 것을 말한다. 성유식론(成唯識論) 권 9에서 염정(染淨)의 법에 의지할 바[所依]가 되는 의(依)는 생사와 열반이 유식과 진여인데 전(轉)은 유식에서의 생사를 멸하고 열반을 얻는 것이라 하였다.

　부처님께서 수보리에게 말씀하셨습니다. '모든 보살마하살은 다음과 같이 그 마음을 다스려야 한다. 알에서 태어난 것이나 태에서 태어난 것이나, 습기에서 생기는 것이나 변화하여 태어난 것이나, 형상이 있는 것이나 형상이 없는 것이나, 생각이 있는 것이나 생각이 없는 것이나, 생각이 있는 것도 아니고 없는 것도 아닌 온갖 중생을 모두 무여열반에 들게 하리라. 이와 같이 헤아릴 수 없이 많은 중생을 제도하였으나 실은 제도를 얻은 중생은 없느니라. 왜냐하면 수보리여! 만약 보살이 '나라는 상, '남'이라는 상, 중생이라는 상, 수명에 대한 상이 있다는 생각이 있으면 보살이 아니기 때문이다.'

알에서 태어난 것[卵生]부터 생각이 있는 것도 아니고 없는 것도 아닌 중생[非有想非無想]까지를 구류(九流) 중생이라 한다. 중생들은 과거에 행한 선악의 업에 따라 각각의 생을 받는다 하는데 천당과 지옥은 화생(化生)이고 아귀(餓鬼)는 태생과 화생으로 태어난다.
 사람과 축생은 태(胎), 난(卵), 습(濕), 화(化)를 통해 태어난다. 유색(有色)은 욕계(欲界)와 색계(色界)에 사는 이들을 말하고 무색(無色)은 무색계에서 태어난 이를 가리킨다. 이 구류 중생들이 사는 곳을 삼계(三界)라 하고 욕계, 색계, 무색계로 나뉜다. 사람이 사는 곳은 욕계이고 색계와 무색계는 상계(上界) 또는 천상계(天上界)라 하고 이곳의 존재들은 인간보다 위이므로 신(神)이라 부른다. 삼계는 중생들이 윤회하는 세계로 끝없는 미혹(迷惑)과 고해(苦海)의 세계이다.

 2분 마지막과 3분 시작에서 '최상의 깨달음에 마음을 일으키면 마음을 어디에 두어야 하며 생각은 어떻게 다스려야 합니까'라는 수보리의 질문에 부처님은 다음과 같은 대답을 한다. '모든 보살마하살은 다음과 같이 그 마음을 다스려야 한다. …온갖 중생을 내가 모두 완전한 열반에 들게 하리라.'
 보살마하살이라면 전의를 통해 공(空)의 경지에 들어간 이이다. 이 경지에서는 생각이 뚝뚝 끊어지거나 잘 일어나지 않게 되어 생각을 분별하거나 집착하는 습성이 현저히 줄어드는 때이다. 부처님께서는 보살마하살은 이 경지에서 바로 분별과 집착이 없는 마음가짐이 필요하다고 말씀하신다.

제도된 중생은 없다는 의미는 보살마하살이라면 중생들을 제도했다고 하는 사려분별이나 집착이 없어야 한다. 그리고 생각이 일어나지 않아야 한다. 설령 제도된 중생이 있다 하더라도 제도되었다거나 되지 않았다 하는 분별이나 그런 생각이 없어야 한다.

또한 분별은 곧 '나'라는 생각을 일으킨다. '나'를 상황에 따라 아상(我相), 인상(人相), 중생상(衆生相), 수자상(壽者相) 네 가지로 분류하였는데 이 사상(四相)을 불러일으켜서는 보살이라고 할 수 없다. '나'라는 생각이 있다면 중생이지만 '나'라는 사상이 없어야 바로 부처이다.

금강삼매경에 적절한 예문이 있다. '그대가 중생들에게 진리를 설명하여 중생을 인도하고 즐거움을 베풀어 주고 괴로움을 없애줄 때 가르침이 있다고 생각해서도 안 되며 가르침이 없다고 생각해서도 안 된다. 이러한 가르침이 참으로 훌륭한 것이다.

그 중생들에게 마음과 '나'라는 것이 실재한다는 잘못된 생각을 모두 버리게 하라. 왜냐하면 중생들이 실재한다고 생각하는 마음과 '나'라는 것은 모두 본래 그 본바탕이 텅 비어 고요한 것이기 때문이다.

만약 그들이 마음과 '나'라고 하는 것이 본래 본바탕이 비어 있다는 것을 깨닫는다면 그 마음은 인식의 대상을 현재 있는 것처럼 거짓으로 마음속에 그려내지 않을 것이요 거짓으로 인식 대상을 마음속에 그려내는 일이 없으면 생기지도 않음을 깨달을 것이다. 아무 것도 만들어내지 않는 마음은 어리석음과 온갖 괴로운 번뇌를 끊어 버리고 다시는

거짓으로 마음속에 그려내지 않음에서 나온다.'

보살마하살은 거의 부처 계위에 다다른 분들로 공(空) 무상(無相) 무원(無願)의 삼해탈(三解脫)의 경지에 해당하는 이들이다. 즉 무념 무상 무주와 같은 의미이다. 상구보리(上求菩提) 하화중생(下化衆生)은 대승의 이념이라 할 수 있다. 보살이 먼저 자신을 위해 수행하여 보리를 구하고[自利], 공부를 마쳐 보살마하살의 계위에 오르면 당연히 중생들을 교화하는 것을 말하는데 이 이타행(利他行)이 바로 불보살의 자비로 표현된다.

대승은 자비희사(慈悲喜捨)를 강조하고 있다. 즐거움을 주는 것을 자(慈), 중생의 고(苦)를 없애주는 것을 비(悲)라 한다. 희(喜)는 다른 사람이 즐거워하는 것을 보고 즐거워하는 것이고 사(捨)는 타인에 대해 애증친원(愛憎親怨)의 마음이 없는 것을 말한다.

금강경도 이 자비희사 정신에 따라 이 문제를 논하고 있다. 대승기신론에서 마명(馬鳴)이 중생제도를 위해 대서원(大誓願)을 세워야 할 것을 권장하고 있다. 그러나 한 가지 예외가 있다. 수행승이나 참선을 주로 하는 선객(禪客)에게는 서원 자체가 공부에 장애가 된다는 점을 간과한 것이다. 즉 수행자는 삼해탈의 하나인 무원(無願)을 목표로 공부해야 하므로 중생제도란 서원은 잘못된 것이다.

견성 즉 전의를 하려면 이무상정의 과정을 거쳐야 되는데 바로 여기에서 마장(魔障)의 덫에 걸릴 빌미를 주는 것임을 간과하고 있다. 그러나 현재의 선(禪) 방법으로는 수행자들이 무상정의 경지에 도달할 염려가 없으므로 마장(魔障)을 우려할 필요가 없다.

능가경을 보면 무상(無常)·고(苦)·공(空)·무아(無我)에 무원(無願)을 첨가하여 공부의 기준으로 삼도록 가르치고 있다. 즉 명상하는 동안에는 머릿속에 아무런 생각이나 서원이 없어야 한다고 기록하고 있다.

달마스님이 중국에 들어와 능가경을 소의경전으로 중생제도한 지 어언 일천오백 년이 지났다. 능가경은 공(空), 무상(無相), 무원(無願)의 삼해탈(三解脫)을 가르쳤고 6조 혜능은 무념(無念), 무상(無相), 무주(無住)를 개산(開山) 이념으로 하여 중생을 제도하였다. 두 선사(禪師)의 가르침을 계승한 불교가 이와 같은 보살마하살과 부처들을 얼마나 양성하였는지 살펴보는 것도 의미가 있겠다.

4조 도신은 '마음이 끊임없이 움직여 흘러가므로 의식이 일어나고 멈추는 것을 다 알아야 한다'라고 강조했다. 수행도 앉아서 좌선(坐禪)하는 것을 기본이고 으뜸이라 하였다. 이것이 석가모니의 가르침이고 달마조사의 가르침이었다.

혜능과 그의 제자 신회는 '생각이 일어나지 않음[念不起]'과 '본성을 보는 것[見本性]'을 내세워 도신의 수행법과는 달리 몸으로 하는 좌선보다는 내면적인 의미에 중점을 두었다. 혜능은 도신의 간심(看心)과 간정(看淨)의 가르침은 수행에 장애가 된다고 하였다.

신회는 '만약 사람들에게 마음을 집중하여 선정에 들어가고 마음을 일으켜 밖을 비추고 마음을 굳게 지녀 안으로 깨치는 것이라고 가르친다면 보리에 장애만 될 뿐이다'라고 주장하였다. 혜능과 신수 두 스승과 제자 때부터 몸과 마음이 함께 수행해야 한다는 가르침에서 점차 마음 위주로 수행방향이 바뀐 것이다. 혜능은 궁중에서 온 사신에게 '도는 마음을 깨치는 것인데 어찌 좌(坐)에만 있다 하겠는가'라고 말하는가 하면 신회는 '유무(有無)를 버리고 중도(中道)마저 없어야 무념이 된다. 무념은 곧 일념(一念)이고 일념은 곧 일체지(一切智)이며 일체지는 곧 심심반야바라밀이다. 반야바라밀을 닦고 반야바라밀행을 한다면 일체 행의 근본이 되기 때문이다'라고 하여 반야바라밀을 염송하는 형태로 바꿔버렸다.

마조(馬祖)는 부처와 같은 의미인 조사(祖師)의 호칭을 처음 받은 대단한 인물이다. 그러나 이 스승과 제자의 '선방 앞에서 기왓장 벅벅 갈기' 같은 일화는 수행하는 데 좌선이 별로 중요하지 않다는 것을 상징한다. 게다가 백장은 청규(清規)라 하여 '이익이 될 만한 것은 얻는다'라는 규칙을 만들어 그것이 깨달음의 방편이라 하여, 공부에 열중해야 할 수행자들을 절 밖에서 활발하게 세속인들과 더불어 활동하게 하였다.

대혜는 당시 선문(禪門)이 묵조선(默照禪)과 간화선(看話禪)으로 양분되어 있던 것을 간화선으로 통일한 장본인으로 재치와 카리스마가 대단한 인물로 여겨진다. 그는 53세에 중앙정치에 뜻을 두었다가 소용돌이에 휩쓸려 귀양을 가게 된다.

6조 혜능 이후 불교에 많은 개혁이 이뤄졌다. 그러나 그

개혁은 달마가 전래한 수행법들을 좀 더 수월한 방향으로 모색하는 것이었다. 본래의 수행법은 오감(五感)의 한계를 넘어서는 것이었는데 점점 오감과 의식 범위 안에서 보다 쉽게 해결하는 형태를 갖추게 되다.

 오매일여(寤寐一如)나 몽중일여(夢中一如), 숙면일여(熟眠一如), 소소영령(昭昭靈靈), 미세망념(微細妄念), 승묘경계(勝妙境界) 등 명상중의 현상들이 여러 수행 지침서에서 발견된다. 이 현상은 이무상정(二無相定)의 경계를 체험한 수행자가 그 느낌을 나름대로 표현한 말들이다.

 그런데 언제부터인지 이 현상들을 부정하는 의견들이 등장한다. 혜능의 2백 년쯤 후인 800년경 현사비(玄沙備)부터 1100년 원오극근에 이르기까지 오매일여 등 명상중의 현상에 대해 부정적 견해가 나오고 있다.

 원오극근이나 그의 제자인 대혜 종고는 '부질없이 오매항일이나 오매일여에 대해서는 분별하지 말라'라고 했다 한다. 또 원오는 '한 생각도 나지 않고 앞뒤가 끊어진 그 적나라한 자리에 머물러 있으면 죽기만 하고 살아나지 못한 것'이라면서 '언구를 의심하지 않음이 큰 병'이라 했다.

 대혜는 지인(至人)에게는 꿈이 없는지 묻자 '꿈이 있다 없다는 의미가 아닌 것'이라 말했다 한다. 이무상정(二無相定)의 경계에서부터 꿈이 현저히 줄어들다 전의가 지나면 꿈을 꾸지 않게 된다. 이무상정부터 오감을 초월하는 경지인데 부처로 존대받는 조사(祖師)들이 모른다면 과연 이 경지를 지나간 수행자가 몇이나 될까. 달마가 전한 수행방법이 혜능 시대인 6백 년부터 조금씩 바뀌기 시작하여 대혜에 이르면서 전혀 다른 것으로 변질되었다.

보조국사(普照國師) 지눌은 팔상록에서 이 수행의 차이를 다음과 같이 말하였다. '선종(禪宗)에서 견성이라고 하는 것과 석가모니 부처님의 정각(正覺)과는 다르다. 견성은 자기에게 있는 불성의 본바탕을 보는 것인데 그 본바탕은 모든 부처님과 같다. 육신통, 십력, 십팔불공법과 같은 만덕의 묘용이 견성에서는 다 나타나지 못한다. 즉 석가모니불이 새벽별을 보고 깨닫는 견명성오도(見明星悟道)와 같은 것이라고 주장하는 것은 큰 잘못이다. 견성은 자기의 불성을 발견하는 것이니 그 불성을 발견한 뒤 자꾸 닦아서 최후의 부처가 완성되도록 하라'고 하였다.

이와 같이 석가세존과 달마가 전한 수행법이 선종(禪宗)의 수행법과는 매우 달라졌다. 중국 불교는 화두법이라는 엉뚱한 수행법을 창안하여 자기들만의 별도의 수행문화를 만들었다. 따라서 화두 참구를 고집한다면 결코 이무상정의 경지조차 이를 수 없다는 것을 명심해야 할 것이다.

그럼에도 불구하고 반야의 깨달음이 염원일까, 수행의 지침서인 금강경이나 능가경, 반야심경 등 반야경들을 오늘에 이르도록 잘 보존하여 전수하였다는 사실이 참으로 다행이요 감사할 따름이다.

4. 아름다운 행은 머물지 않는다(妙行無住分)

"또한 수보리여! 보살은 어떤 것에도 마음이 머물지 않고 보시해야 한다. 이를테면 사물에 얽매이지 않고 보시할 것이며 소리, 냄새, 맛, 감촉, 마음의 대상에도 얽매이지 않는 마음으로 보시해야 한다.

수보리여! 보살은 이와 같이 보시하되 어떤 형상에 대한 관념에도 얽매이지 말라. 왜냐하면 보살이 형상에 대한 관념에 얽매이지 않고 보시한다면 그 복덕은 헤아릴 수 없기 때문이다.

수보리여! 그대 생각은 어떠한가. 동쪽 허공을 헤아려 상상할 수 있겠는가?"

"없습니다. 세존이시여!"

"수보리여! 남서북방 사이사이, 아래 위 허공을 헤아릴 수 있겠는가?"

"없습니다. 세존이시여!"

"수보리여! 보살이 어떤 모습에도 얽매이지 않고 보시하는 복덕도 이와 같이 헤아릴 수 없다. 수보리여! 보살은 반드시 가르친 대로 하여야 한다."

　復次須菩提菩薩於法應無所住行於布施所謂不住色布施不住聲香味觸法布施須菩提菩薩應如是布施不住於相何以故若菩薩不住相布施其福德不可思量須菩提於意云何東方虛空可思量不不也世尊須菩提南西北方思維上下虛空可思量不不也世尊須菩提菩薩無住相布施福德亦復如是不可思量須菩提菩薩但應如所教住

　부차(復次) 앞과 뒤를 연결하는 접속사.
　보시(布施) 불·승·가난한 사람에게 의식(衣食) 등 물자를 베푸는 것을 말하고 그 행위에 의해서 좋은 업보를 받는다고 한다. 베푸는 재물(財物)을 말하고 재물을 내놓는 사람을 시주(施主)라 한다. 또한 교(敎)를 설해 주는 것을 법시(法施), 온갖 공포에서 벗어나게 해주는 무외시(無畏施)도 있다. 재시(財施)와 법시(法施), 무외시(無畏施)는 3종시라 하고 이는 수행자들이 반드시 해야 할 보시이다.
　색(色)·성(聲)·향(香)·미(味)·촉(觸)·법(法) 생각이 일어나기 위해서는 눈[眼]과 귀[耳]·코[鼻]·혀[舌]·육체[身]·생각[意] 등 오감이 무엇인가를 인지해야 한다. 즉 물질이나 소리·향기·맛·감촉을 느꼈을 때 인식의 표준이 되는 규범을 형성해서 알아차리게 된다. 감각기관을 육근(六根)이라 하고 감각의 대상이 되는 것을 육경(六境)이라 한다.
　복덕(福德) 선행에 의해 얻는 행복과 이익을 말한다.
　사유(四維) 네 모퉁이란 뜻. 곧 동서남북 각각의 사이[間]인 사유를 팔방이라 하고 상하 2방위를 합하여 십방(十方)이라 한다.
　상(相) 모든 사물들의 모양이나 특성, 상태, 형상 등을 이미지로 형상화한 의식작용을 말한다. 세상에는 열 가지 상이 있다고 한다. 생로병사(生老病死)의 네 가지 상과 색성향미촉(色聲香味觸) 등 인간의 감각기관인 오감에 감지되는 대상 다섯 가지 그리고 남녀 상이다. 그것 자체만이 가지고 있는 상을 자상(自相)이라 하고 다른 것에도 공통되는 상을 공상(共相)이라 한다.

'또한 수보리여! 보살은 어떤 것에도 마음이 머물지 않고 보시해야 한다. 이를테면 사물에 얽매이지 않고 보시할 것이며 소리, 냄새, 맛, 감촉, 마음의 대상에도 얽매이지 않는 마음으로 보시해야 한다.'

고아원이나 양로원, 곤궁한 사람들이나 종교, 단체 등 도움이 필요한 곳에 몸으로 또는 금전으로 보시하는 사람들은 대부분 그 행위를 자랑스러워하고 주위에서 존중해 주기를 바라며 스스로 뿌듯해한다. 뿐만 아니라 자신의 헌신과 기여가 미래에 명예와 부귀를 가져올 것이라 기대하고 애착하게 된다. 즉 남을 도와준 선행으로 복전(福田)을 일구었다고 생각한다.

보시는 사회를 윤택하게 하고 상생하는 아름다운 일이어서 인연법으로는 상응한 과보를 일으키지만 이 생각은 자신의 윤회(輪廻)를 더욱 고착화하고 중생으로서의 업(業)만 누적시킨다. 이 선행들이 아무리 복락이 대단하더라도 그 혜택은 윤회하는 동안 삼계의 중생 세계에서나 통용되는 일이다.

최상의 깨달음 즉 해탈을 이루는 아뇩다라삼먁삼보리에 뜻을 두는 보살에게는 이 인과의 법칙은 전혀 도움이 되지 않는다. 보살은 보시를 하더라도 누구를 도와주었다거나 복을 받게 된다는 생각이 없어야 한다. 즉 소리, 맛, 냄새, 감촉, 마음까지 육감(六感) 어느 하나에도 그 대상을 인식해서 얽매이는 일이 없어야 한다.

'수보리여! 보살은 이와 같이 보시하되 어떤 형상에 대한 관념에도 얽매이지 말라. 왜냐하면 보살이 형상에 대한 관념에 얽매이지 않고 보시한다면 그 복덕은 헤아릴 수 없기 때문이다.'

이전 문장에서는 어떤 것에도 마음에 머물지 않고 오감의 대상에도 얽매이지 않고 보시해야 한다고 하였는데 이번에는 형상에 대한 관념에도 얽매이지 말고 보시하라고 하였다. 보시의 대상이 모양이나 상태가 어떻든 보시가 복전이라는 생각 또는 관념에 사로잡히는 일이 있어서는 보살이 될 수 없음을 강조하였다. 만약 보시하면서 복전이라는 생각이 없다면 무위의 행이기 때문에 그 복덕이 헤아릴 수 없이 크다 하였다.

'수보리여! 그대 생각은 어떠한가. 동쪽 허공을 헤아려 상상할 수 있겠는가?' '없습니다. 세존이시여!' '수보리여! 남서북방 사이사이, 아래 위 허공을 헤아릴 수 있겠는가?' '없습니다. 세존이시여!'
'수보리여! 보살이 어떤 모습에도 얽매이지 않고 보시하는 복덕도 이와 같이 헤아릴 수 없다. 수보리여! 보살은 반드시 가르친 대로 하여야 한다.'

얽매이는 생각이 없이 보시하라는 것은 측은해서, 필요해서 보시를 할 따름이지 조금이라도 선행을 했다거나 그 선행으로 인한 과보를 바라는 생각이 있어서는 올바른 보시라고 할 수 없다. 그런데 마음에 조금도 보시했다는 느낌이 없고 또 대상에 구애 받지 않으려면 3분과 같이 분별함이 없는 무상(無相)의 경지에 든 보살마하살이나 가능할 수 있다.

마음이 얽매이지 않아 스스럼없이 하는 보시는 허공과 같이 복덕이 헤아릴 수 없이 많다고 하였다. 해탈이 가까워졌다는 의미를 남서북방 허공과 같이 한량없다 하여 복(福)이 무한하다고 표현한 것이다.

분별과 집착은 어째서 생기는 것일까. 사람은 생각하므로 사람이라는 명제대로 삶 자체가 많은 조건과 인연[緣起]에 의지하므로 갖가지 분별과 집착이 생길 수밖에 없다. 금강경은 시작에서부터 '나'라는 사상을 생각하지 말고 분별과 집착을 하지 말도록 권하고 있다. 사람이 생각을 하지 않고 분별과 집착을 버릴 수 있는 가능성이 있을까.

수행자들이 갖은 고난을 무릅쓰고 도를 이루겠다는 일념으로 고행을 하지만 그 마지막에서는 절망스런 한계에 다다를 수밖에 없다. 즉 세존의 말씀대로 생각이 일어나지 않는 상태를 구현하는 것이 도저히 불가능하다는 점 때문이다. 이제까지 세상에 나온 모든 수행법은 어떤 방법이든 번뇌를 없애는 것은 물론 줄이는 것조차 극히 어려움이 사실이다.

2분에서 말한 아뇩다라삼먁삼보리의 깨달음을 얻는다면 생각이 일어나지 않는 상태를 구현할 수 있다. 가장 올바른 최상의 깨달음이라는 아뇩다라삼먁삼보리를 터득하는 방법은 오로지 쿤달리니에서만 찾을 수 있다.

3분에서는 아상, 인상, 중생상, 수자상이 있다면, 즉 '나'와 '우리'라는 생각이 떠오른다면 각자(覺者)라고 할 수 없다고 하였다. 따라서 깨달음을 얻은 부처의 품성을 3분에서는 무념(無念)과 무상(無相), 4분에서는 무상(無相)과 무주(無住)로 설명하였다.

무념은 생각이 끊어지는 것이 아니고 일어나지 않으며, 무상은 사리 분별하는 의식작용을 하지 않고 무주는 사물을 애착하거나 집착하는 일이 없어지는 것이다. 무념과 무상, 무주는 각각 별개로 공부하는 것이 아니고 생각이 일어나지 않으면 무상, 무주는 한꺼번에 겸비하게 된다. 이것이 인간의 의식구조를 넘어선 부처의 모습이다.

분별하고 판단하는 마음과 집착하고 얽매인다는 생각을 일으키지 않으면 그 마음은 의지하고 머무는 곳이 없을 것이다. 곧 신으로부터 자유스러워지고 자신으로부터도 해방된다. 대자유인이 되는 것이다. 이 무념과 무상, 무주는 금강경과 능가경, 반야심경 등 반야경들의 주제를 이루고 있다.

5. 이치대로 참모습을 보면(如理實見分)

"수보리여! 그대는 어떻게 생각하는가. 몸의 모습으로 여래를 볼 수 있겠는가?"

"아닙니다. 볼 수 없습니다. 세존이시여! 몸의 모습으로 여래를 볼 수는 없습니다. 왜냐하면 여래께서 말씀하시는 육체의 모습은 바로 육체의 모습이 아니기 때문입니다."

부처님께서 수보리에게 말씀하셨다.

"존재하는 온갖 모습들은 모두 허망한 것이니 만약 참모습을 보면 곧 여래를 보리라."

須菩提於意云何可以身相見如來不不也世尊不可以身相得見如來何以故如來所說身相卽非身相佛告須菩提凡所有相皆是虛妄若見諸相非相卽見如來

신상(身相) 몸의 모습을 가리킴

증득(證得) 바른 지혜로써 진리를 깨달아 얻음을 말함. 삼매에 들었을 때 보이는 것을 그대로 깨달아 아는 것.

자증(自證) 남으로부터 받는 것이 아니라 자신이 스스로 깨달아 증득하는 것이 진리임을 가리키는 말. 곧 제불(諸佛)의 증오(證悟)는 구경의 깨달음이어서 남이 깨닫게 해 줄 수 없음을 강조한 것.

적정(寂靜) 번뇌를 떠난 것을 적(寂)이라 하고 고통과 환난이 끊어진 것을 정(靜)이라 한다. 열반의 고요한 모습.

무여열반(無餘涅槃) 완전히 궁극에 이르러 남겨둔 잔여가 없는 열반.

유여열반(有餘涅槃) 아직 끝까지 궁구하지 못하였다는 의미로 나머지가 있는 열반.

'수보리여! 그대는 어떻게 생각하는가. 몸의 모습으로 여래를 볼 수 있겠는가?' '아닙니다. 볼 수 없습니다. 세존이시여! 몸의 모습으로 여래를 볼 수는 없습니다. 왜냐하면 여래께서 말씀하시는 육체의 모습은 바로 육체의 모습이 아니기 때문입니다.'

    사람들은 절에서 덕이 있고 위엄이 있는 훌륭한 부처의 상을 보고 마치 부처를 대하듯 절을 하거나 존경의 염을 나타낸다. 이런 불교의식에 의문을 품는 사람은 거의 찾아볼 수 없다. 또 석가여래나 아미타여래를 말하면 사람들은 나름대로 상상을 하게 된다. 보통사람들과는 다른 가장 빼어난 용모나 형상 등 덕상(德相)을 갖추신 거룩한 어른을 떠올리게 된다. 32상 80종호는 이처럼 거룩한 이들의 모습을 상상으로 그린 것이다.

    그런데 몸의 모습으로 여래를 볼 수 있겠는가라는 부처의 물음에 수보리는 부처를 직접 보면서도 32상 80종호를 갖췄다 하더라도 신체적 특징으로는 여래를 볼 수 없다라고 대답한다.

    모든 존재는 인연따라 사대(四大)가 화합하여 부모로부터 생겨난 것이다. 비록 부처라 하더라도 부모로부터 태어났으므로 사람의 형체인 육체가 있다. 수보리는 부처의 면전에서 여래는 볼 수 없다라고 부정하고 있다. 왜 부정했을까.

부처도 살아있는 동안은 번뇌가 끊어져 생각은 일어나지 않는다고 하지만, 사람과 같이 행동하고 말하고 그 업으로 받은 육체를 멸하지 못해 여래라 할 수 없기 때문이다. 그래서 부처를 보면서도 유여열반(有餘涅槃)과 무여열반(無餘涅槃)을 분리하여 따지고 있다. 어쨌든 살아있는 상태에서는 여래라고 인정할 수 없었나 보다.

여래는 세 가지 모습[三身]을 가지고 있다고 한다. 법신과 보신, 화신이다. 첫째 법신(法身)은 구극 절대의 존재를 말하고 일체의 존재는 법신의 나타남이라 한다. 즉 진리 그 자체이므로 눈이나 오감 등으로는 볼 수 없는 부처이다. 수보리가 부처의 면전에서 여래가 아니라고 부정한 이유가 법신이 아니기 때문이다.

보신(報身)은 수행의 결과 그 과보(果報)로 주어진 부처의 몸[佛身]이다. 이러한 공덕을 갖춘 예가 바로 석가모니 부처로서 불신의 특징인 32상 80종호로 나타난다. 이는 중생으로서는 가장 완벽한 진리의 구현체라 할 수 있다. 따라서 보신은 중생들이 보고 느낄 수 있는 모습이지만 본체인 법신의 세속적 표현일 따름이어서 여래라 할 수 없다.

화신(化身)은 중생의 교화를 위하여 여러 가지 형상으로 변화하는 불신을 말한다. 화신은 보신처럼 세상에 보편적으로 존재하는 완전하고 원만한 이상적인 불신이 아니라 특정한 시대와 지역과 상대에 따라 사람들을 구제하기 위해 출현하는 부처이다. 화신은 부처의 상호를 구비하지 않고 여러 가지 모습으로 중생을 제도하는 불신이다. 평범한 사람의 모습, 또는 범천, 제석, 마왕, 축생 등의 모습을 나타내기도 한다. 따라서 화신은 부처의 모습으로 나타나지 않으므로 중생들은 부처임을 알아 볼 수 없다.

분별함이 없는 무상(無相)의 지(智)를 가리켜 여래라 한다. 여래는 이 지혜를 체(體) 또는 신(身)으로 하기 때문에 분별할 수 없고 분별의 대상도 될 수 없다. 왜 분별할 수 없을까. 의식은 그 경계에서 색의 형상이 갖추어야 알아볼 수 있는데 여래 즉 무상의 지혜는 물질로써 형상을 갖추지 않는 진리 그 자체이므로 분별의 대상이 아니다.

'존재하는 온갖 모습들은 모두 허망한 것이니 만약 참모습을 보면 곧 여래를 보리라.'

모든 사물들은 본 성품이 없어 무아(無我)이므로 허망한 것이다. 그러나 온갖 모습들에서 그 모습이 아닌 진실한 참모습을 본다면 여래를 본다고 하였다. 세상 모든 것들의 참모습이란 무엇일까. 어떻게 하면 참모습을 볼 수 있을까. 우리가 여래를 볼 수 있는 자리라면 세상 사물들의 진실한 모습도 볼 수 있을 것이다. 부처님의 말씀은 존재하는 물질들의 참모습을 보면 곧 여래를 볼 수 있다는 의미라 할 수 있다.

그렇다면 석가모니께서 부처가 되신 과정을 우리도 뒤따

라가면 어디선가 사물들의 참모습을 볼 수 있는 자리가 나
타날 것이요 그 참모습을 보는 자리가 바로 여래를 보는 자
리일 것이다. 모든 잡다한 것이 오직 자기 마음이 분별함으
로써 일어나는 것임을 알아차리고[證得] 분별하지 않는 자
리에 머무른다면 그 자리가 바로 여래를 보는 자리이다. 매
우 이해하기 어려운 말이다. 사람의 일반적인 감각적 눈으
로는 여래를 볼 수 없고 분별을 일으키지 않으면 보게 된다
는 것이다.

여래를 볼 수 있는 경지는 어디일까. 선가에서는 견성을
하면 바로 여래를 본다고 하지만 오감을 넘어 전의(轉依)를
지나 무상삼매의 무아(無我)를 증득한 이후에야 가능할 것이
다. 불교에서 견성한다는 의미의 공(空)의 자리는 처음 시작
하는 공이어서 상당히 거칠고 조잡하다. 명상을 계속할수록
다듬어지고 성숙해져서 무아의 경지에서는 아주 원숙해진다.
여기서 적정(寂靜)을 스스로 깨달아 알기[自證] 때문이다.

선종에서는 견성만 하면 수행과 공부가 모두 끝난다 하여
견성의 자리와 적정의 경지를 혼용하고 있으므로 이와 같은
혼란을 없애기 위한 설명이다. 전의는 견성이나 돈오(頓悟)
의 의미로 공에 처음 접했을 때를 의미한다.

능가경은 전의 후에 아뇩다라삼먁삼보리에 의지해 수행해
야 보리와 열반과(果)를 얻는다 하였다. 따라서 초기의 공
(空)보다는 무아(無我)를 자증(自證)하는 자리라야 여래의
의미에 가깝다 할 수 있다. 그렇다면 무아(無我)란 무엇인
가. 제법(諸法)은 아뢰야식(阿賴耶識)의 종자(種子)들이 드러
남으로써 내가 있고 그 대상(對象)들이 존재하는 것에 불과

하므로 이 생각[識]들이 멸하면 세상에서의 나 또 현재의 나가 소멸하였으므로 무아(無我)라고 한다.

사람의 의식인 아뢰야식이 멸한다면 과연 '나'라는 실체가 존재하지 않는 것인가. 중생이 삼계에서 윤회하며 살아가는 동안 이 아뢰야식이 있어 너와 나가 있고 만물이 존재하지만 전의하여 공에 진입하면 의식 즉 생각에 의존하지 않게 된다. 그러면 '나 홀로 존재한다'라는 명상 속의 차원도 멸하게 되는데 이 경지를 무상삼매 또는 무아의 자리라 한다. 무아를 잘못 이해하면 단멸론(斷滅論)에 빠지게 되는데 여기에 대해서는 27분에서 다루게 된다. 무아를 터득한 사람은 적정(寂靜)만을 보게 될 것이다. 이 적정이 바로 여래라고 능가경은 말하고 있다.

부처를 본다는 의미를 능가경은 다음과 같이 표현하였다.
佛無根境相　부처는 감각과 대상의 상이 없으므로
不見名見佛　보이지 않음이 곧 부처를 보는 것이다.

이어서
若見於牟尼　부처를 보는 이는
寂靜遠離生　적정하여 삶을 멀리 떠나리
是人今後世　이 사람은 이 후생에는
離著無所見　집착을 떠나 보는 바 없이 보게 될 것이다.

'범소유상(凡所有相) 개시허망(皆是虛妄) 약견제상비상(若見諸相非相) 즉견여래(卽見如來)' 명상의 길고 긴 모든 과정을 간결하고 축약(縮略)해 묘사한 이 표현은 참으로 절묘하다. 이 문장에 2-30년간의 수행이 처음부터 끝까지 포괄된 것이다. 공부 시작 전에는 세상의 모습은 사람들이 보는 현상 그대로이다. 그러나 공부가 끝날 때가 되면 세상의 만상이 적정의 상태로 보이게 된다.

처음 적정상태일 때는 명상 속에서의 적정이었지만 공부가 더욱 깊어지면서 점차 현재의식에까지 영향을 미치면서 고요해진다. 따라서 생각이나 분별과 집착, 즉 번뇌가 차차 엷어지고 사라지면서 모든 현상들이 꿈과 같고 환영과 같이 느껴진다.

불교에서는 근본 교의(敎義)를 삼법인(三法印)이라 하여 일정하여 불변하는 진리를 표시하는데 제행무상(諸行無常), 제법무아(諸法無我), 열반적정(涅槃寂靜)이 바로 이것이다.

'존재하는 온갖 모습들이 모두 허망한 것이니(凡所有相皆是虛妄)'라는 구절은 제행무상(諸行無常)과 제법무아(諸法無我)를 나타낸 것이고 '참모습을 보면 부처를 보리라(若見諸相非相卽見如來)'는 제법무아와 열반적정(涅槃寂靜)을 가리킨다.

제행무상은 일체의 정신적 물질적 현상은 모두 생멸 변화하여, 고정되고 변하지 않는 것이 하나도 없지만 중생들은 변치 않고 항상(恒常)하는 존재로 착각하기 때문에 이 그릇된 생각을 없애기 위하여 무상(無常)하다고 말한다.

제법무아는 만유의 모든 법은 인연에 의해 생긴 것이므로 참다운 자아(自我)인 실체가 없는데도 중생들이 '나'에 집착하는 망집에 사로잡혀 있으므로 이것을 없애기 위해 무아(無我)라 한다. 열반적정은 윤회하는 고통에서 벗어나 피안(彼岸)인 해탈의 세계를 말하는데 여기 이 짧은 글귀 속에 바로 삼법인을 나타냄으로써 불교의 교의를 밝힌 것이다.

견성 또는 전의 이후에 대해서 이야기하는 사람은 동서고금을 통해서 아주 희귀하다. 그럴 수밖에 없는 것이 전의한다는 것이 오감(五感)의 밖, 인간의 한계를 벗어나는 일이기 때문이다. 전의는 인간으로서는 참으로 어려운 일이다. 전의(轉依)에 들면 공계(空界)에 들게 되지만 무아 자리는 전의 후에도 상당기간 더 수행해야 이를 수 있는 곳이다.

이 세상 사람들은 오감의 영향권에서 벗어나는 일이 거의 없다. 인간은 이 오감 덕택에 만물의 영장이라는 지위를 누리고 있다. 그런데 전의 이후의 세계에서는 이 소중한 감각들이 전혀 도움이 되지 않는다. 공의 세계는 물질세계도 아니고 영적차원의 비물질 세계도 아니며 삼계를 넘어서 있다. 여기서는 오식(五識)은 물론이지만 제 8식까지도 아무 쓸모 없는 곳이다. 그러니까 신의 세계를 포함하여 중생들의 삶터가 아니요 열반적정의 세계이다.

공(空) 세계에 처음 방문하는 것을 능가경은 전의라고 하였다. 인도 불교에서, 그리고 중국의 5조와 신수까지는 능가경을 소의경전으로 하였으므로 전의를 견성의 의미로 사용하였을 것이다. 전의는 저열한 법에 의지하던 것을 버리고 수승한 법에 의지하는 것, 즉 의식의 대전환[頓悟]을 가리킨다.

6. 바른 믿음은 희귀하다(正信希有分)

수보리가 부처님께 여쭈었습니다.

"세존이시여! 이와 같은 말씀을 듣거나 글귀를 보고 진실한 믿음을 내는 중생들이 있겠습니까?"

부처님께서 수보리에게 말씀하셨습니다.

"그런 말을 하지 말라. 여래가 열반에 든 오백 년 뒤에도 계를 지니고 복덕을 닦는 이는 이러한 말에 신심을 낼 수 있고 이것을 진실한 말로 여길 것이다. 이 사람은 한 부처님이나 두 부처님, 서너 다섯 부처님께 선근을 심었을 뿐만 아니라 이미 한량없는 부처님 처소에서 여러 가지 선근을 심었으므로 이 말씀을 듣고 잠시라도 청정한 믿음을 내는 자임을 알아야 한다.

수보리여! 여래는 이 모든 중생들이 이와 같이 한량없는 복덕을 얻으리라는 것을 다 알고 다 본다. 왜냐하면 이러한 중생들은 다시는 자아가 있다는 관념, 인상이 있다는 관념, 중생이 있다는 관념, 수자가 있다는 관념이 없다. 그리고 옳은 법이라는 관념이 없으며 그른 법이라는 관념도 없기 때문이다.

 왜냐하면 옳은 법이라는 관념을 가져도 아상, 인상, 중생, 수자상에 집착하게 되며, 그른 법이라는 관념을 가져도 아상, 인상, 중생, 수자상에 집착하는 것이기 때문이다. 그러므로 옳은 법에 집착해도 안 되고 그른 법에 집착해서도 안 된다. 그래서 여래는 늘 설했다. 너희 비구들이여! 나의 설법은 마치 뗏목과 같은 줄 알아라. 옳은 법도 버려야 하거늘 하물며 그른 법이랴!"

 須菩提白佛言世尊頗有衆生得聞如是言說章句生實信不佛告須菩提莫作是說如來滅後後五百歲有持戒修福者於此章句能生信心以此爲實當知是人不於一佛二佛三四五佛而種善根已於無量千萬佛所種諸善根聞是章句乃至一念生淨信者須菩提如來悉知悉見是諸衆生得如是無量福德何以故是諸衆生無復我相人相衆生相壽者相無法相亦無非法相何以故是諸衆生若心取相則爲着我人衆生壽者若取法相卽着我人衆生壽者何以故若取非法相卽着我人衆生壽者是故不應取法不應取非法以是義故如來常說汝等比丘知我說法如筏喩者法尚應捨何況非法

 후오백세(後五百歲) 부처 열반 후의 2천5백 년을 5개의 5백 년으로 끊어서 불교의 성쇠를 나타내는 것의 맨 마지막 기간을 말함. 제1의 오백 년은 해탈견고(解脫堅固)라 하여 지혜를 얻어 깨달음을 열고 해탈하는 이가 많았다고 한다.
 제2의 오백 년은 선정견고(禪定堅固)라 하여 이 시기에는 선정을 지키는 이가 많았다 한다. 제3의 시기는 다문견고(多聞堅固)라 하며 불법을 열심히 듣고 공부하는 이가 많았다 한다. 제4 시기는 조사견고(造寺堅固)라 하여 사원 건립에 열중하는 사람이 많았다 한다.
 마지막인 제5의 오백 년은 투쟁견고(鬪諍堅固)라 하며 수행자들이 자기 주장만 내세우고 다른 사람의 주장은 받아들이지 않고 싸움이 치열한 시대이다. 제5 악세(惡歲)라고도 한다. 지금이 불기 2천5백5십7년이니 제5 악세인 셈이다.

복덕(福德) 복이 많고 덕이 두터움. 선행과 그에 대한 과보로 받는 복리.

선근(善根) 좋은 과보를 낳는 선인(善因). 여러 가지 선을 낳는 근본. 무탐(無貪), 무진(無瞋), 무치(無癡)를 3선근이라 한다. 탐진치를 3불선근, 삼독(三毒)이라 한다.

법(法) 일체 제법이나 만법 등은 법의 모든 존재를 의미한다. 부처의 가르침을 불법(佛法), 교법(敎法), 정법(正法)이라 하고 외도(外道)의 가르침을 사법(邪法)이라 한다.

온처계(蘊處界) 오온(五蘊), 십이처(十二處), 십팔계(十八界). 범부가 자아를 고집하는 미혹을 타파하기 위한 교의(敎義)로서 일체 만유를 셋으로 분류한 것.

수기(受記) 부처님으로부터 반드시 부처가 된다는 기별을 받는 것.

수보리가 부처님께 여쭈었습니다. '세존이시여! 이와 같은 말씀을 듣거나 글귀를 보고 진실한 믿음을 내는 중생들이 있겠습니까?' 부처님께서 수보리에게 말씀하셨습니다. '그런 말을 하지 말라. 여래가 열반에 든 오백 년 뒤에도 계를 지니고 복덕을 닦는 이는 이러한 말에 신심을 낼 수 있고 이것을 진실한 말로 여길 것이다. 이 사람은 한 부처님이나 두 부처님, 서너 다섯 부처님께 선근을 심었을 뿐만 아니라 이미 한량없는 부처님 처소에서 여러 가지 선근을 심었으므로 이 말씀을 듣고 잠시라도 청정한 믿음을 내는 자임을 알아야 한다.'

5분에서 존재하는 온갖 모습들은 모두 허망한 것이니 만약 참모습을 보면 곧 여래를 볼 것이라는 사구게가 나온다.

이와 연결하여 수보리가 몸의 모양들은 모든 것이 허망하니 만약 참모습을 보면 곧 여래를 보게 될 것이라는 말씀을 듣고 '과연 진실한 믿음을 내는 중생이 있겠습니까?' 하고 묻는다.

부처님은 여래가 열반에 들어 2천 년이 지나고 설령 제5 악세(惡世)를 만나 불법을 공부하기 어려운 시대를 만난다 하더라도 수행하는 사람 중 이 말을 진실로 여겨 믿게 될 사람이 있을 것이라고 말한다. 수행자는 한 생만을 수행하지 않는다. 한 생, 두 생, 서너 다섯 생 등 계속 윤회를 하면서 가는 곳마다 도(道)를 배우고 수행하여 선근을 심는다. 인간이 한계인 오감을 초월한다는 것이 한두 생의 공부로 끝나는 것이 아니기 때문이다.

수행한 공부는 설령 세상을 잘못 만나 한두 생의 빈 공간이 있다 하더라도 퇴보하거나 잊어버리지 않는다. 다시 공부를 시작하면 그 빈 공간을 뛰어넘어 과거 공부했던 과정을 의식에서는 기억하지 못하더라도 잠재의식에 따라 몸이 스스로 알게 된다. 윤회하는 동안 행한 수행은 모두 아뢰야식에 저장되어 현재에 전해지기 때문이다. 따라서 부처님의 말씀은 수 없는 생을 수행하여 비록 투쟁견고의 시대인 현세에서도 청정한 믿음을 내는 새로운 부처가 태어남을 수기(受記)하시는 것 같다.

'수보리여! 여래는 이 모든 중생들이 이와 같이 한량없는 복덕을 얻으리라는 것을 다 알고 다 본다. 왜냐하면 이러한 중생들은 다시는 자아가 있다는 관념, 인상이 있다는 관념, 중생이 있다는 관념, 수자상이 있다는 관념이 없다. 그리고 옳은 법이라는 관념이 없으며 그른 법이라는 관념도 없기 때문이다. 왜냐하면 옳은 법이라는 관념을 가져도 아상, 인상, 중생상, 수자상에 집착하게 되며 그른 법이라는 관념을 가져도 아상, 인상, 중생상, 수자상에 집착하는 것이기 때문이다. 그러므로 옳은 법에 집착해도 안 되고 그른 법에 집착해서도 안 된다. 그래서 여래는 늘 설했다. 너희 비구들이여! 나의 설법은 마치 뗏목과 같은 줄 알아라. 옳은 법도 버려야 하거늘 하물며 그른 법이랴!'

5백년 뒤에도 계를 지니고 복덕을 닦는 이란, 복덕을 닦는 이는 4분의 소리, 맛 등 오감과 마음의 대상에도 집착이 없이 보시하여 복덕을 닦은 이들을 말한다. '이러한 중생들은 다시는 자아가 있다는 관념, 인상이 있다는 관념, 중생이 있다는 관념, 수자가 있다는 관념이 없고 법이라는 관념도 없으며 법이 아니라는 관념도 없기 때문이다.' 여기서는 3분의 아상, 인상, 중생상, 수자상 등 '나'라는 관념을 의식하지 않는 데에서 더 나아가 법에 대한 관념도 없는 것으로 발전한다.

아상, 인상, 중생, 수자상 등 아상과 법이라는 관념조차 없는 중생이라면 이미 중생이 아니고 부처의 반열에 올랐다는 의미이다. 그들은 이미 분별심이 없는 무상(無相)의 경지에 이르렀으므로 집착하는 개념에서도 멀리 떠났다.

법은 일체의 존재와 인식의 표준이 되는 규칙, 규범, 법률, 헌법을 비롯한 모든 실정법과 도리(道理), 교리(敎理), 선(善), 진리(眞理)까지를 포함한다. 법은 중생들의 삶의 그 자체이다. 이처럼 중생들의 존재와 일체를 규제하고 제한하는 법도 전의(轉依)하여 생각에 변혁이 일어나면 법으로서 가치나 의미를 모두 잃어버린다. 법을 지킨다거나 지키지 않는다거나, 이를 부정하거나 시비하지 않는다. 따라서 옳은 법이라는 생각이나 그른 법이라는 생각도 없게 된다. 한마디로 법의 바깥에서 유유자적하게 된다.

능가경에 이에 대한 설명이 있다. '법과 비법은 범부가 분별하는 것이지 실상(實相)을 체증(體證)하여 나온 지혜의 지견이 아니니라. 하나의 종자에서 싹과 줄기, 가지, 잎, 꽃, 과일이 나오면서 한량없는 차별이 있게 된다. 마음의 상(相)도 무명(無明)이 연(緣)이 되어 온·계·처의 일체 제법이 생기느니라. 바깥 존재가 그러하듯 심식(心識)의 상(相) 또한 무명이 연(緣)이 되어 일체 제법이 생하느니라. 법이 이러하거늘 그른 법[非法]도 갖가지 차별의 분별이 있다. 이 차별상이란 모두 상을 분별하기 때문인 것임을 마땅히 알아야 한다. 분별하여 상을 취하지 말아야 하니 모든 존재가 자심(自心)이 나타난 것임을 보면 그것이 자심의 법성(法性)이므로 곧 집착이 없어지게 된다. 모든 사물은 범부가 어리석게 집착하여 취하는 것일 뿐 본래 실체(實體)가 없는 것이니 비파사나[觀]로 여실히 관찰하여 제법(諸法)을 버린다고 하느니라.'

뗏목은 도피안(到彼岸) 즉 강을 건네주는 역할을 하는 의미의 비유이다. 수행자가 열반의 세계로 가다가 강이 있어서 뗏목을 이용했는데 뗏목을 스스로 만들었든 또는 있던 것을 이용했든 강을 건넌 뒤에는 어떻게 처리를 하였을까.

뗏목을 해체했을까 그냥 두고 갔을까. 아니면 뒤에 올 수행자를 위해 강변에 잘 보관해 두었을까.

뗏목이라 하여 도피안 역할을 하는 것이라면 바로 아뇩다라삼먁삼보리의 깨달음을 지칭하는 것이라 볼 수 있다. 이 아뇩다라삼먁삼보리는 평생을 지극한 수행을 한다 하여 누구나 얻을 수 있는 것이 아니다. 능가경에는 이 깨달음은 미래에 부처가 될 수 있는 수행자가 수기(受記)를 받아야만 가능하다고 기록하고 있다.

그러나 부처님의 설법이 뗏목과 같은 줄 알아야 한다는 것은 열심히 법에 따라 공부하면 자연스레 쿤달리니를 각성하게 되고 그 쿤달리니가 완성하고 명상을 수행해야 아뇩다라삼먁삼보리를 터득할 수 있다는 것을 마치 피안(彼岸)으로 가는 강을 건너는 뗏목으로 비유하신 것으로 보인다.

사람에게 있어 사람이 되는 절대 조건이 생각이므로 마음대로 떨쳐버릴 수 없듯이 생각을 뛰어넘는 초월의 경지도 인간의 한계상황이므로 어쩔 수 없다. 인간의 절대조건과 한계상황의 극복을 바로 피안의 강을 건너는 뗏목으로 묘사한 것이다.

아뇩다라삼먁삼보리를 터득하면 부처가 되는데 삼해탈(三解脫)의 경지에 들어가게 된다. 능가경에서는 삼해탈(三解脫)로 공(空)과 무상(無相), 무원(無願)을 들고 있다. 삼해탈의 경지에 도달하기 위해서는 이 아뇩다라삼먁삼보리의 깨달음이 반드시 필요하다고 설하고 있다. 후세에 이 삼해탈의 내용을 혜능이 무념(無念), 무상(無相), 무주(無住)로 바꿔 부르게 된다.

공은 비었으므로 무념으로 생각이 일어나지 않는다는 뜻이고 무상은 분별하지 않는다는 의미이며 무원은 원하는 것이 없으므로 집착이 없다는 무주로 되었다. 이 현상들은 생각이 일순간에 확 뒤바뀌는 돈오 즉 전의(轉依)를 터득해야 가능하다.

혜능 이후 불교에서는 이를 견성이라 부른다. 그러나 달마 이래 5조 홍인 시대까지는 전의라 부른 듯하다. 그 시대에는 능가경이 소의경전이었으므로 견성이란 단어가 없었기 때문이다.

능가경에도 수행 과정을 상세하게 설명하지 않아 전의의 체험이 일생에 한 번인지 또는 여러 차례인지 언급하고 있지 않다. 전의는 공계(空界)의 입구이므로 사바세계에서 공으로 진입하기 위해서는 여러 차례 왕래해야 했을 것이다.

석가모니 부처님이 명상을 하다가 수차례 전의를 하고서야 새벽에 보리수 밑에서 별과 같은 발광체를 보게 된다. 팔상록에는 이를 아뇩다라삼먁삼보리에 의한 대오각성의 순간이었다고 기록하고 있다. 경의 기록으로는 아뇩다라삼먁삼보리 깨달음에 대한 처음이자 마지막 실례(實例)라고 할 수 있다. 이 새벽별을 체험하고 나면서 삼해탈인 무념, 무상, 무주의 현상을 수행자가 알아차리게 된다.

쿤달리니 완성단계에서 생각이 끊어지는데 이 경지부터는 생각이 일어나지 않는 현상을 알게 된다. 생각이 덜 일어나므로 분별작용도 서서히 줄어드는 것을 알게 되고 원하는 것이 없어져 집착도 현저히 줄어든다.

7. 얻음도 없고 설함도 없다(無得無說分)

"수보리여! 그대 생각은 어떠한가. 여래가 위 없는 최상의 바른 깨달음을 얻었는가? 여래가 설한 법이 있는가?"

수보리가 대답하였습니다. "제가 부처님께서 말씀하신 뜻을 이해하기로는 위 없이 높고 바른 깨달음이라 할 만한 정해진 법이 없고, 또한 여래께서 설한 단정적인 법도 없습니다. 왜냐하면 여래께서 설한 법은 모두 얻을 수도 없고 설할 수도 없으며, 옳은 법도 아니고 그른 법도 아니기 때문입니다. 그것은 모든 성현들이 다 무위법 속에서 차이가 있는 까닭입니다.

須菩提於意云何如來得阿耨多羅三藐三菩提耶如來有所說法耶須菩提言如我解佛所說義無有定法名阿耨多羅三藐三菩提亦無有定法如來可說何以故如來所說法皆不可取不可說非法非非法所以者何一切賢聖皆以無爲法而有差別

무위법(無爲法) 인연에 의해서 만들어진 것이 아니고, 생멸변화를 여읜 상주(常住) 절대의 법을 말한다. 본래는 열반의 다른 이름이다. 초월 또는 견성을 이뤄 공(空)을 증득한 성현(聖賢)들이 모든 행위를 할 때는 하고자 하는 의지 없이 행하는데 이를 가리킨다.
  유위법(有爲法) 인위적으로 만든 것. 조작의 뜻으로 사용한다. 모두 인연의 화합으로 조작된 현상적인 존재를 말한다. 일반적으로 말하면 오온(五蘊)이 유위법이다. 사람들이 행위를 할 때 생각 따라 행하는 것을 말한다.
  후득지(後得智) 여량지(如量智), 무분별후지(無分別後智), 속지(俗智)라 한다. 근본지(根本智)에 의하여 진리를 깨달은 후에, 다시 분별하는 얕은 지혜를 일으켜서 세상사(世上事)를 아는 지혜, 즉 불타가 대비를 일으켜서 중생을 구제하는 것이 후득지이다.
  근본지(根本智) 여리지(如理智), 근본무분별지(根本無分別智), 정체지(正體智)라고 한다. 깨우침을 얻은 자가 진여에 계합하면서 분별을 여의고 일체 현상의 본질이 평등하여 차별이 없는 것을 아는 지혜이다.
  반열반(般涅槃) 원적(圓寂)이라 번역. 열반과 같은 뜻으로 영원히 일체의 번뇌와 재난을 끊는 경지. 석존이 무여(無餘) 열반에 드는 것[入滅]을 가리킴.
  수기(受記) 부처님으로부터 당래에 반드시 부처가 된다는 기별을 받는 것을 말함.
  소소영령(昭昭靈靈) 소소는 밝은 모양, 영령은 정신작용의 불가사의함. 즉 심식(心識)이 미묘하여 명백한 양상을 형용하는 말.
  성성적적(惺惺寂寂) 성성은 총명함이고 적적은 편안하고 조용함.
  오매일여(寤寐一如) 깨어 있을 때나 잠잘 때도 한결같이 화두가 잡히는 상태.

'수보리여! 그대 생각은 어떠한가. 여래가 위 없이 최상의 바른 깨달음(아뇩다라삼먁삼보리)를 얻었는가? 여래가 설한 법이 있는가?' 수보리가 대답하였습니다. '제가 부처님께서 말씀하신 뜻을 이해하기로는 위 없이 높고 바른 깨달음이라 할 만한 정해진 법이 없고 또한 여래께서 설한 단정적인 법도 없습니다.'

부처가 부처다운 까닭은 지혜의 깨달음인 가장 높고 원만한 깨달음이라는 아뇩다라삼먁삼보리를 얻었기 때문인데, 부처께서는 '그 깨달음을 내가 얻었는가?' 하고 묻는다. 위 없이 최상의 바른 깨달음이란 무엇일까. 또 부처께서는 지식의 높고 낮음에 따라, 또 근기에 따라 수없이 많은 설법을 하셨는데 '내가 설한 법이 있는가' 하고 묻는다.

아뇩다라삼먁삼보리는 약(略)해서 삼먁삼보리라 하고 무상정등각이라 번역한다. 최상의 지혜의 깨달음인 삼먁삼보리는 부처 경지의 깨달음이라 하므로 아무나 얻을 수 있는 깨달음은 아닐 것이다.

삼먁삼보리에 대해서 분명히 밝혀진 것은 없다. 명상법 가운데 어떤 방법이 이 삼먁삼보리의 깨달음을 얻는 데 가장 필요하고 또한 빠른 방법인지도 알려진 바가 없다. 그런데 능가경에 이 깨달음의 사용법을 설명하는 내용이 있다.

'무슨 까닭에 아라한에게 보살과 마찬가지로 아뇩다라삼먁삼보리를 수기(受記)를 하시나이까.' '나는 아라한이 유여열반에 머무르지 않고 무여열반을 얻도록 하기 위함이다. 이는 아라한들이 보살마하살의 보살행을 하도록 은밀히 권하기 위해서이다.'

아라한은 부처가 되기 직전의 경지라는 논서들도 있고 온전한 육신으로 갈 수 있는 최상의 경지라고 주장하는 등 여러 의미로 사용하고 있다. 이 글에서는 아라한과 보살마하살의 경지에 상당한 차이가 있음을 암시한다. 이는 바로 삼먁삼보리를 얻었는가의 여부에 달린 것으로 보인다.

부처님이 수기하는 대상은 보살마하살의 보살행을 따라

할 수 있도록 하기 위해 아라한에게 터득하도록 한다고 하였다. 이 글의 내용은 아라한은 사람이 갈 수 있는 최상의 경지에는 이르렀지만 오감의 한계를 돌파하여 부처가 되기 위해서는 삼먁삼보리라는 수행 단계가 아직 남아 있음을 의미한다.

사람은 세상에서 무슨 행동을 하더라도 좋든 나쁘든 얻는 것이 있는가 하면 잃는 것도 있다. 즉 마음에서 일어난 상(相)이 밖에 있는 것이라 생각해 얻을 수 있다고 집착한다. 그러나 수행자가 삼먁삼보리를 얻어 전의가 되어 부처의 경지에 들어서면 의식이 바뀌면서 자신이 가진 모든 것들에 대한 애착이 서서히 사라지게 된다.

반야심경에 이무소득고(以無所得故)라는 말이 있다. 일단 오감을 넘어서 전의가 되면 이 순간부터는 그 동안 살면서 터득한 것, 얻은 것, 익힌 것 등 세상에서 소유한 모든 것들이 서서히 사라지게 된다. 다시 말하면 자신도 모르는 사이 집착, 애착이 옅어지면서 저절로 놓이게 된다. 사람들과의 관계도 공통 관심사가 없어지면서 차츰 멀어져 적정을 즐기게 된다.

삼먁삼보리를 얻어 생각이 바뀌었으나 부처는 얻었다는 생각이 없다. 얻었다는 말은 나에게 보탬이 되었다는 의미인데 삼먁삼보리의 깨달음이 보탬이 되었다는 감정이나 의식을 전혀 느끼지 못한다. 왜냐하면 삼먁삼보리의 깨달음은 얻는다는 일정한 실체가 없는데다 세상의 모든 개념 자체를 서서히 의식에서 퇴화시키기 때문이다. 즉 열반세계로 가기 위해 이 세상의 욕망과 애착을 모두 털어내는 과정이므로 사람들의 개념으로는 얻은 것이 아니고 잃을 뿐인 것이다.

관습, 도덕, 예법이라는 권장할 만한 법이나 사람들의 행위를 규제하는 법이라는 개념도 서서히 옅어진다. 따라서 정해진 법은 물론이고 단정적이라는 수식어를 붙일 만한 법도 없으며 법을 지킨다거나 지키지 않는다는 생각도 없어진다.

'부처가 설한 법이 있는가?' 또는 부처님이 불지를 이루신 후로부터 반열반에 드시기까지 한 글자도 설하지 않으셨다고 하였다. 왜 그랬을까. 부처님은 생각이 없는 무념, 무상, 무주의 상태여서 설법하기 위해 연구하거나 준비하지 않은 채 물어 답하는 형식으로 분별없이 법을 설하기 때문이다. 곧 무위의 행이므로 행함이 없는 행이어서 설하지 않는 것이 된 것이다.

능가경에서는 설한 바가 없다는 말을 '능히 주체(主體)가 없으며 또한 보이는 대상(對象)도 없고 설(說)하는 자도 없고 설해진 것도 없으니 부처님의 법을 들었다고 하는 것은 모두 분별이다'라 하여 설법하는 자나 청중이 모두 주체가 없는 무아(無我)이기 때문에 설한 사람은 물론 법을 들은 사람도 없다. 설한 자와 청중이 있다는 생각은 오직 분별심일 뿐이다. 또 깨달은 이도 불안(佛眼)으로 본다고 하지만, 진리의 경계를 그대로 전달하는 능력은 사람 몸의 기능으로는 너무 불완전하다. 그래서 여래는 한 마디도 한 적이 없다는 말이 생기게 되었다.

'왜냐하면 여래께서 설한 법은 모두 얻을 수도 없고 설할 수도 없으며, 옳은 법도 아니고 그른 법도 아니기 때문입니다. 그것은

모든 성현들이 다 무위법 속에서 차이가 있는 까닭입니다.'

근본지를 바탕으로 하고 후득지를 활용해서 하는 설법을 수보리나 청중들이 이해한다는 것은 어려운 일이다. 무념과 무상, 무주가 의식의 바탕으로, 생각이 일어나지 않는 부처에게는 가르침이라 할 것도, 법이란 것도, 제도란 것도 아무 의미가 없다.

모든 성현들의 이렇듯 하고자 함이 없이 행하는 무위의 행에는 그 경지가 높고 얕음에 따라 여러 가지 모습이 있을 수 있다. 즉 과거의 버릇이며 행위 등 습기(習氣)가 후득지(後得智)로 남아 있기 때문에 그 성인의 무위행에도 중생들이 보는 관점에서는 다르게 보일 수 있다는 의미이다.

아뇩다라삼먁삼보리는 무엇이고 어떤 깨달음일까. 쿤달리니를 통한 깨달음과 어떻게 일맥상통하는지 살펴보도록 하겠다. 우선 요가서에는 쿤달리니가 석가 같은 성자(聖者)의 어머니[母胎]와 같다고 전해져 내려온다.

쿤달리니를 각성하면 오감(五感)의 한계를 초월하는, 사람으로서는 감당할 수 없는 한계상황을 돌파하는 비범한 능력들을 가질 수 있다고 하는 점을 상기할 필요가 있다.

싯달타 태자가 공부한 과정을 살펴보면서 그 연관성을 알아보자. 팔상록에 6년 고행한 최후의 단계에서 마녀(魔女)와 마왕 파순의 군대들[魔障]이 나타나 위협하지만 사자좌에 높이 앉아 놀라지도 않고 수미산처럼 움직이지 않았다고 기록하고 있다.

오랫동안 공부하였다는 수행자도 마구니를 만나면 어찌할 바를 모르고 넋을 잃어 자해(自害) 하는 경우를 수행서는 기록하고 있다. 이러한 마장(魔障)을 방지하기 위해 능엄경이 만들어졌으며 혼자서 공부하기보다 여러 사람이 모여 수행을 하도록 권유하고 있다. 그러나 쿤달리니를 각성한 수행자는 혼자서 공부하더라도 또 어떤 마장을 당하더라도 전혀 흔들림이 없다. 따라서 싯달타 태자가 수미산처럼 흔들리지 않았다는 것은 쿤달리니를 통해 공부하였음을 알 수 있다.

팔상록에 의하면 4경이 지나고 5경이 되어 먼동이 틀 무렵 마침 동쪽 하늘에 떠오르는 샛별에 눈빛이 마주치는 찰나 큰 광명이 개발되어 최상의 정각을 성취하였다. 이것이 일체종지(一切種智)이며 더 이상 깨달을 것이 없는 최상의 지혜이다. 이 깨달음을 일러 아뇩다라삼먁삼보리 곧 최상의 바르고 원만한 정각을 성취하였다고 기술하고 있다.

이 글을 보면 싯달타 태자가 마치 새벽에 눈을 뜨고 맨 정신으로 샛별을 본 것처럼 보인다. 새벽이므로 아직 별이 보일 수는 있다. 그러나 이 현상은 와전된 것이다. 명상 가운데 샛별과 같은 커다란 광구(光球)가 마치 별처럼 보이는 바로 그 경지이다. 나는 이 경지를 초월(超越)이라 이름하였다.

초월 경지는 쿤달리니 완성 후 전의 다음 단계에서 일어난다. 이 현상을 팔상록은 아뇩다라삼먁삼보리 깨달음의 정각을 성취하였다고 하였다. 또 석가세존은 무아(無我)를 말하고 있는데 새벽별과 같은 아뢰야식의 표출 다음에 나타나는 현상 즉 무상삼매와 매우 비슷하다. 이런 사실로 보아 쿤달리니를 통한 수행이 삼먁삼보리의 깨달음과 직접적인 연관이 있다는 심증이 간다. 쿤달리니 수행법과 한 치의 차이도 없다.

그러면 좀더 상세하게 공부 과정을 살펴보자. 싯달타 태자는 집을 떠나 두 스승을 만나 수행을 하게 된다. 당시 두 스승은 각각 무상정과 멸진정을 이뤄 소문이 자자했던 분들로 이 스승들 밑에서 이무상정(二無相定)의 경지에 오른다. 이무상정의 경지로는 공부가 끝난 것이 아님을 깨달은 싯달타 태자는 아쉬람을 떠나 혼자 수행하여 대각을 이룬다.

이무상정은 생각이 끊어지는 단계로 오감을 넘어서는 직전의 경계이다. 사람들은 아무리 명상을 하더라도 번뇌의 연속일 뿐 생각이 끊어지지 않는다. 다만 쿤달리니를 통해 수행하면 쿤달리니 완성 단계에서 생각이 뚝뚝 끊어지는 현상을 체험하게 된다.

이로 미루어 싯달타 태자는 출가 후 삼사 년 동안 고행(苦行)하면서 쿤달리니에 각성하고 완성하였던 듯하다. 완성하면 생각이 끊어지기 시작하고 정신집중이 고도화된다. 이때는 명상 중 번뇌가 별로 없어 삼매(三昧)에 입정이 시작되었으므로 고행을 더 이상 할 필요를 느끼지 못한다.

아쉬람을 떠나 1-2년 동안 암굴(巖窟) 등 더 조용하고 인적이 드문 곳을 찾아 명상하면서 지관법(止觀法)을 창출하였다 한다. 무상정에 들면 찬란한 빛 속에서 생각이 끊긴 채 앞을 응시하는 자신의 모습을 발견할 수 있다. 즉 수행자의 표현에 따라 오매일여(寤寐一如), 숙면일여(熟眠一如), 성성적적(惺惺寂寂)과 소소영령(昭昭靈靈) 등의 현상들이 일어난다.

　이것이 무상정을 거치는 수행자답게 의지와 상관없이 체험하는 지관법(止觀法)을 터득한 과정이며 곧 무상정의 다음 단계인 전의(轉依)를 증험했을 것이다.

　수행한 지 6년째에 새벽별을 보는 경지에서 아뇩다라삼먁삼보리의 깨달음에 따라 대오하였다고 하였다. 여기까지가 세상에 알려진 석가세존의 수행기이다. 이상과 같은 수행법은 쿤달리니를 통한 수행법과 전혀 다름이 없다.

　금강경은 무아(無我)를 궁극의 가르침[究竟無我分]이라 하여 최상의 공부로 간주하였다. 이에 대한 설명은 열반경에서도 발견된다. 열반경 여래성품에는 '여래도 역시 중생을 교화하려고 처음에 설하기를 일체법에 무아행(無我行)을 닦으라 하여 아견(我見)을 없애고 나면 열반에 든다 하였으니, 이는 세속아(世俗我)를 없애 주기 위하여 비아(非我)를 방편으로 가르친 것이라고 설하고 있다. 명상중에서도 아뢰야식 즉 세속아가 소멸하는 현상을 체험할 수 있다.

　또한 능가경과 열반경의 애탄품(哀嘆品)에서는 세상의 내가 아닌 '나' 즉 진아(眞我)를 말하고 있다. 쿤달리니를 통한 공부에도 무아와 진아까지가 과정에 포함되어 있다. 무아는 불교의 근본 교의(敎義)인 삼법인(三法印)에 포함되어 있어서 금강경은 무아까지만을 설하고 있지만 진아에 대해서는 열반경과 능가경에만 실려 있을 뿐이다.

　석가세존의 공부 과정이 모두 쿤달리니의 수행자가 가는 길과 한 치의 다름이 없다. 따라서 위 없이 최상의 바른 깨달음이라고 번역된 아뇩다라삼먁삼보리는 바로 쿤달리니를 통한 깨달음이라고 확신한다.

　금강경은 선(禪)에 대해서는 왜 한마디도 없을까. 선은 범어 dhyana를 선나(禪那) 등으로 음역하고 정려(靜慮), 사유수습(思惟修習) 등으로 번역한다. 마음을 하나의 대상에 집중해서 사유하는 것을 말한다.

　선은 대승, 소승뿐 아니라 외도(外道) 등 전체에 걸쳐 닦는 것으로 되어 있다. 대승에서는 육바라밀(六波羅蜜) 혹은 십바라밀의 하나로 선(禪) 바라밀(선정바라밀·정려바라밀)을 들고 반야의 지혜를 얻거나 신통을 얻기 위해 닦는다고 하였다. 이로 미루어 선 즉 명상공부를 열심히 연마하면 쿤달리니가 각성될 수 있다는 의미이다. 따라서 금강경이 공부의 기초라 할 수 있는 선이나 참선에 대해서 언급할 입장이 아닌 것 같다.

8. 법에 따라 출생하다(依法出生分)

"수보리여! 그대 생각은 어떠한가. 어떤 사람이 삼천대천세계에 칠보를 가득 채워 보시한다면 이 사람의 복덕이 진정 많겠는가?"

수보리가 대답하였습니다.

"매우 많습니다. 세존이시여! 왜냐하면 이 복덕은 바로 복덕의 본질이 아닙니다. 그러므로 여래께서는 복덕이 많다고 하셨기 때문입니다."

"만약 어떤 사람이 이 경의 사구게만이라도 받고 지니고 다른 사람을 위해 설해 준다면 그 복덕이 앞의 복덕보다 훨씬 뛰어나다. 왜냐하면 수보리여! 모든 부처님과 모든 부처님의 위 없이 최상의 바른 깨달음의 법은 다 이 경에서 나왔기 때문이다. 수보리여! 불법이라고 말하는 것은 불법이 아니다."

須菩提於意云何若人滿三千大千世界七寶以用布施是人所得福德寧爲多不須菩提言甚多世尊何以故施福德卽非福德性是故如來說福德多若復有人於此經中受持乃至四句偈等爲他人說其福勝彼何以故須菩提一切諸佛及諸

佛阿耨多羅三藐三菩提法皆從此經出須菩提所謂佛法者卽非佛法

삼천대천세계(三千大千世界) 고대 인도인들의 세계관에 의한 우주관으로 삼천세계라 부른다. 수미산을 중심으로 그 주위에 네 개의 대주(大洲)가 있고, 그 둘레에 구산(九山)과 팔해(八海)가 있으나 이것이 우리가 사는 세계로 하나의 소세계(小世界)라 한다. 위로는 초선천에서부터 아래로는 큰 지하의 풍륜(風輪)에까지 이르는 범위를 말한다. 이 세계 가운데는 해·달·수미산·네 개의 천하·사천왕·삼십삼천·야마천·도솔천·태화자재천 등을 포함한다.

이 한 세계를 천 개 모은 것을 소천세계(小千世界)라 하고, 이 소천세계를 천 개 모은 것을 중천세계(中千世界), 중천세계를 다시 천 개 합한 것을 대천세계(大千世界)라 한다. 이 대천세계를 천 개를 세 번 합한 것이며, 소·중·대 3종의 천세계가 되므로 삼천세계, 또는 삼천대천세계라 한다.

칠보(七寶) 칠진(七珍)이라고도 한다. 금(金), 은(銀), 유리(瑠璃), 파려(頗黎·水精), 차거(車渠·珊瑚), 적진주(赤眞珠), 마뇌(碼磶)를 말한다.

사구게(四句偈) 게는 주로 8언 4구로 구성되어 있다. 존재에 관한 네 가지 분류법으로 사물을 규정하는데 4단계로 고찰하는 논법. 유(有)와 무(無)·역유역무(亦有亦無)·비유비무(非有非無)의 4네 가지 표시법. 사구게는 한 경전을 대표할 만한 훌륭한 뜻을 갖추고 있으므로 반드시 보리에 나아갈 수 있다.

복덕(福德) 일체의 선행과 선행에 의해 얻어지는 행복과 이익을 말함.

수지(受持) 스승에게 배우는 것을 수(受)라 하고 뜻을 이해하고 수행해 나아가는 것을 지(持)라 한다.

유루(有漏)와 무루(無漏) 유루는 모든 번뇌를 말한다. 즉 안이비설신의 육근(六根)에서 허물을 항상 만들어 누출한다는 뜻이다. 이런 번뇌에서 탈피하여 생각 자체가 일어나지 않는다면 무루라 한다. 번뇌가 없어졌음을 말한다.

'수보리여! 그대 생각은 어떠한가. 어떤 사람이 삼천대천세계에 칠보를 가득 채워 보시한다면 이 사람의 복덕이 진정 많겠는가?' 수보리가 대답하였습니다. '매우 많습니다. 왜냐하면 이 복덕은 바로 복덕의 본질이 아닙니다. 그러므로 여래께서는 복덕이 많다고 하셨기 때문입니다.'

4분에서 아뇩다라삼먁삼보리에 뜻을 둔 보살은 소리, 냄새, 맛, 감촉, 마음 오감에 얽매이지 않는 마음으로 보시해야 한다 하였다. 또한 오감뿐 아니라 어떤 형상의 관념에도 얽매이지 않고 보시하면 그 복덕이 헤아릴 수 없이 많다고 하였다.

여기서는 복덕의 본디부터의 모습을 설명하고 있다. 마음과 관념에 얽매이지 않는 보시가 비록 헤아릴 수 없이 많다 하더라도 이 복덕은 삼계의 중생세계에서 누릴 수 있는 복덕이다. 좋은 사례를 소개한다.

달마가 중국에 도착한 때는 양무제 보통 원년(AD 520)이었다. 도읍인 건강에 도착하여 궁중에서 무제와 회견하였다. 황제가 물었다. "나는 지금까지 많은 절을 짓고 경문을 직접 옮기기도 했으며, 또한 많은 승려와 비구니를 육성하였소. 그러니 앞으로 얼마나 많은 보답을 받겠는가. 가르쳐 주시오."

종교관념 대로 생각한다면, 최대의 자비를 베푼 황제에 대해서는 부처로부터 최대한의 보답이 있다는 대답은 당연한 것이다. 황제는 속으로 달마의 대답을 헤아리며 끝없는 장수와 보물, 미인, 자손, 그리고 권력 등의 대답이 나오리라 예상하고 기다렸다. 얼마 후 달마가 입을 열었다. "그런 것은 공덕이 될 수 없습니다."

황제 "무엇이라고." 순간적으로 공기가 얼어붙는 것 같았다.

달마 "무공덕이라 말했습니다."

황제 "어째서 그렇단 말이오."

달마 "그런 일을 할 수 있는 사람이 하는 것은 당연하지요." 무제는 수치와 분노로 울컥 화가 치밀어 올라 달마를 때리고 싶은 심정이었다.

황제 "그렇다면 참 공덕이란 도대체 무엇을 가리키는가."

달마 "마음과 지혜가 완전히 하나가 되어 아무런 마음도 없는 것이…"

달마와 무제와의 회견 내용이다. 아무리 많은 재보(財寶)를 들여서 절을 짓고 경전을 출판하며 승려들에게 보시하였다 하나 그 보시의 과보(果報)는 중생들이 사는 삼계육도에서나 통용되는 복덕이다. 달마는 세상에서의 복덕, 즉 유루의 복덕은 안중에 없었다. 그런 것은 공덕이 될 수 없다는 달마의 대답이 놀라운 말이지만 수행자로서 큰 행의 가르침을 말한 것이다.

보살이 실천 수행해야 하는 육바라밀이 있다. 이중 첫째인 보시바라밀은 재(財)와 법(法)을 베풀 때는 주었다는 생각마저 버림으로써 자신의 탐심을 끊고 집착을 버려야 한다고 하였다.

과보를 의식하고 행하는 보시는 수행자로서 행에도 옳지

않고 더구나 깨우침을 이루는 데는 아무런 쓸모가 없다. 이는 자만심을 두텁게 할 뿐 공부하는 데는 오히려 방해가 된다. 세상의 복도 추구하고 깨우침도 이루는 것은 양립할 수 없다. 깨우침에는 오직 수행만이 있을 뿐이다.

'만약 어떤 사람이 이 경의 사구게만이라도 받고 지니고 다른 사람을 위해 설해 준다면 그 복덕이 앞의 복덕보다 훨씬 뛰어나다. 왜냐하면 수보리여! 모든 부처님과 모든 부처님의 위 없이 최상의 바른 깨달음의 법은 다 이 경에서 나왔기 때문이다. 수보리여! 불법이라고 말하는 것은 불법이 아니다.'

어떠한 마음으로 보시를 해야 할까. 과보를 의식해서는 안 된다. 불쌍한 생각으로써 보시한다면, 또 필요에 의해서 보시한다면 그것으로 생각을 끝내야 한다. 과보를 생각하지 않고 내일의 또는 내생에 복락을 누리는 중생살이에 집착하지 않는 것이 바로 무주상(無住上) 보시이다. 무주상 보시를 행하려는 자세는 바로 깨달음의 길로 들어서는 길이다. 자신의 마음을 항상 점검해 보아야 할 것이다.

많은 재산을 보시하는 것보다 진리를 함축한 사구게나마 항상 지니고 남을 위해 설해 주는 법보시가 복덕이 오히려 많다고 하였다. 세상의 복은 아무리 많다 하여도 해탈을 위해 수행하는 또는 수행할 계기가 되는 법에 대한 설명과는 비교할 수 없다.

사구게는 깨달음의 진리를 집약해서 간단하게 몇 마디로 말하고 있다. 이런 사구게를 사람들에게 말해 준 것만으로도 그 복이 열과 성을 다한 재물 보시보다 오히려 뛰어나다 하였다. 달마와 무제와의 대담에서 보이는 설법이다.

7분에서 삼먁삼보리는 쿤달리니의 힘으로 얻어지는 깨달음이라 하였다. 사람이 어떤 노력을 하더라도 인간의 한계인 오감을 뛰어넘을 수는 없다. 다만 쿤달리니의 힘으로써만이 오감의 한계를 돌파해 생각을 끊을 수 있으며 피안(彼岸)으로 건너가게 된다.

따라서 부처님의 깨달음의 모든 것은 금강경에 실려 있으므로 이 경의 말씀에 따라 수행한다면 쿤달리니의 공력을 얻어 삼먁삼보리의 깨달음을 얻을 수 있다고 하였다. 부처님 자신은 쿤달리니를 활용하였지만 이를 각성할 방법은 오로지 수행하다가 지극해지면 저절로 이루어지는 것으로 알고 계신 듯하다. 오죽하면 부처의 수기를 받아야 가능하다고 하였을까!

불법이 불법이 아니라는 말은 4분과 7분에 그 의미가 있다. 부처께서 설하셨으므로 불법(佛法)이지만 정해진 법도 없고 단정적인 법도 없다 하였다. 4분에서는 관념에 얽매이지 말라 하였으므로 보살은 법이라는 형체를 생각하지도 말고 법이라는 관념도 의식하지 말라 하는, 불법이지만 불법이라 생각하지 말라는 의미이다.

부처는 무념이므로 생각이 일어나지 않는다. 부처 자신이 무엇을 하였다 하더라도 하려는 의지가 없이 하였으므로 했다 또는 안 했다라고 하지 않는다. 이를 무위의 행이라 한다. 무위의 행이므로 부처의 가르침이지만 부처의 가르침이라고 할 수 없다,

능가경의 한 구절을 인용한다. '일체 모든 것의 성품이 모두 이와 같아 오직 이것이 자심에서 분별한 경계일 뿐인데 범부가 미혹하여 이렇게 알지 못하는 것이다. 보는 주체[能見]가 없으며 보이는 대상[所見]도 없고 설하는 자[能說]도 없고 또한 설해진 것[所說]도 없으니 부처님을 보고 법을 들은 것도 모두 분별이다. 보이는 것을 분별하면 불(佛)을 볼 수 없고 분별을 일으키지 않으면 능히 보는 것이다.'

9. 하나의 상도 상이 없다(一相無相分)

"수보리여! 그대 생각은 어떠한가. 수다원이 '나는 수다원과를 얻었다'라고 생각하겠는가?"

수보리가 대답하였습니다. "아닙니다. 세존이시여! 왜냐하면 수다원은 '성자의 흐름에 든 자'라고 하지만 들어간 곳이 없으니 사물이나 소리, 냄새, 맛, 감촉, 마음의 대상에 들어가지 아니하는 것을 수다원이라 하기 때문입니다."

"수보리여! 그대 생각은 어떠한가. 사다함이 '나는 사다함과를 얻었다'고 생각하겠는가?"

수보리가 대답하였습니다. "아닙니다. 세존이시여! 왜냐하면 사다함은 '한 번만 갔다 올 자'라고 불리지만 실로 갔다 돌아옴이 없는 것을 사다함이라 하기 때문입니다."

"수보리여! 그대 생각은 어떠한가. 아나함이 '나는 아나함과를 얻었다'고 생각하겠는가?

수보리가 대답하였습니다. "아닙니다. 세존이시여! 왜냐하면 아나함은 이름이 '되돌아오지 않는 자'라고 불리지만 실은 되돌아오지 않음이 없는 것을 아나함이라 하기 때문입니다."

"수보리여! 그대 생각은 어떠한가. 아라한이 '나는 아라한의 경지를 얻었다'고 생각하겠는가?"

수보리가 대답하였습니다. "아닙니다. 세존이시여! 왜냐하면 실제 아라한이라 할 만한 고정된 법이 없기 때문입니다. 세존이시여! 아라한이 '나는 아라한의 경지를 얻었다'라고 생각한다면 자아·개아·중생·수자상에 집착하는 것입니다.

세존이시여! 부처님께서 저를 다툼 없는 삼매를 얻은 사람 가운데 제일이고 욕심을 떠난 제일가는 아라한이라고 말씀하셨습니다. 저는 '나는 욕심을 떠난 아라한이다'라고 생각하지 않습니다.

세존이시여! 제가 만약 '나는 아라한의 경지를 얻었다'라고 생각한다면 세존께서는 '수보리는 적정행을 즐기는 사람'이라고 말씀하지 않았을 것입니다. 수보리는 실로 적정행을 한 것이 없으므로 수보리는 적정행을 즐긴다고 말할 뿐입니다."

須菩提於意云何須陁洹能作是念我得須陁洹果不須菩提言不也世尊何以故須陁洹名爲入流而無所入不入色聲香味觸法是名須陁洹須菩提於意云何斯陁含能作是念我得斯陁含果不須菩提言不也世尊何以故斯陁含名一往來而實無往來是名斯陁含須菩提於意云何阿那含能作是念我得阿那含果不須菩提言不也世尊何以故阿那含名爲不來而實無不來是故　名阿那含須菩提於意云何阿羅漢能作是念我得阿羅漢道不須菩提言不也世尊何以故實無有法名阿羅漢世尊若阿羅漢作是念我得阿羅漢道即爲着我人衆生壽者世尊佛說我得無諍三昧人中最爲第一是第一離欲阿羅漢我不作是念我是離欲阿羅漢世尊我若作是念我得阿羅漢道世尊則不說須菩提是樂阿蘭那行者以須菩提

實無所行而名須菩提是樂阿蘭那行

수다원(須陁洹) 성문(聲聞) 4과(四果)의 하나. 무루(無漏)에 처음으로 참례하여 들어간 지위.

수다원과(果) 성문승 4과의 제1. 바르게 삼계의 탐진치를 끊고 과위(果位)를 증득하는 것. 성자(聖者)로서 최초의 깨달음에 들어서는 경지.

사다함(斯陁含) 성문 4과의 제2. 일래(一來)라 번역. 다시 한 번만 환생하여 깨닫는 이. 하늘이나 인간 세상에 환생하여 깨닫고 그 이후는 다시 천계나 인간계에 출생하는 일이 없는 경지.

아나함(阿那含) 성문 4과중 제3과로 불환(不還), 불래(不來)라 번역. 욕계에서 죽어 색계(色界)·무색계(無色界)에 난 후 번뇌가 없어져 다시 돌아오지 않는 경지.

아라한(阿羅漢) 응공(應供)·불생(不生)·무생(無生)·진인(眞人)이라 번역. 소승불교에서 대·소승을 통하여 최고의 깨달음을 얻은 자를 가리킨다. 열반의 깨달음에 들어가서 다시 미혹의 세계에 태어남을 받지 않는다.

무쟁(無諍) 아란나(阿蘭那)로 표시. 쟁이란 다툰다는 뜻으로 번뇌를 말한다. 다른 사람의 번뇌를 쉬게 하는 힘으로 아라한만 가지고 있을 뿐 다른 이는 도저히 미치지 못하는 뛰어난 덕력(德力)을 말한다.

무쟁삼매(無諍三昧) 다투는 일이 없는 선정(禪定). 부처님께서 '나는 다툼이 없는 삼매를 얻으니 인간 중에 제일이다'라 하였다.

적정(寂靜) 번뇌를 여읜 것을 적이라 하고 고환(苦患)이 끊어진 것을 정이라 한다. 곧 열반의 고요하고 편안한 모습. 열반, 적멸.

적정행(寂靜行) 번뇌 망상이 없는 성문과 연각이 열반적정을 구하는 수행법.

성문(聲聞) 소리를 듣는 사람이란 뜻으로 부처님의 말씀을 듣고 깨닫는 것을 가리킨다. 원래 부처님 세상에 계실 때의 제자를 말하지만, 부처의 교설에 따라 수행하면서 자기 해탈을 목적으로 하는 출가(出家)의 성자(聖者)를 뜻한다.

연각(緣覺) 독각(獨覺)으로 번역. 벽지불(僻支佛)이라 부른다. 부처의 가르침에 의지하지 않고 스스로 도(道)를 깨친 이로, 적정한 고독을 좋아할 뿐 설법이나 교화는 좋아하지 않는다고 하는 성자(聖者).

응공(應供) 세상에서 존경과 공양(供養)을 받을 수 있는 사람. 모든 번뇌를 끊어서 타인으로부터 공양을 받을 만한 자격이 있는 사람. 아라한과 같음.

정등각(正等覺) 불타의 깨달음이 무상의 정지(正智)임을 일컫는 말.

법인(法印) 불교의 기치, 표지, 특질.

보살행(菩薩行) 불과(佛果)의 성취를 목적으로 수행하는 자리이타(自利利他)가 원만한 행. 곧 6바라밀 등의 행업(行業).

'수보리여! 그대 생각은 어떠한가. 수다원이 나는 수다원과를 얻었다고 생각하겠는가?' 수보리가 대답하였습니다. '아닙니다. 세존이시여! 왜냐하면 수다원은 성자의 흐름에 든 자라고 하지만 들어간 곳이 없으니 사물이나 소리, 냄새, 맛, 감촉, 마음의 대상에 들어가지 아니하는 것을 수다원이라 하기 때문입니다.'

'수보리여! 그대 생각은 어떠한가. 사다함이 나는 사다함과를 얻었다고 생각하겠는가?' 수보리가 대답하였습니다. '아닙니다. 세존이시여! 왜냐하면 사다함은 한 번만 갔다 올 자라고 불리지만 실로 갔다 돌아옴이 없는 것을 사다함이라 하기 때문입니다.'

부처님의 교설에 따라 수행하는 성문(聲聞)들은 3분의 가르침인 사상(四相) 즉 아상, 인상, 중생상, 수자상이라는 나를 의식하는 상을 내지 않음을 상기하고 있다.

수다원이 사물, 소리, 냄새, 맛, 감촉과 마음의 대상에 들어가지 않는다는 것은 오감을 뛰어 넘어 전의(轉依)의 직전 단계이거나 전의가 되었다는 것을 의미한다. 성문의 네 가지 과보 중 가장 공부의 수준이 낮은 수다원이 전의, 즉 돈오(頓悟)에 돌입한 정도라면 성류에 든 성자(聖者)들이라 하지 않을 수 없다.

전의를 전후하여 초월, 무아에 이르기까지 명상과정을 성문의 네 가지 단계에 안배한 듯하다. 열반경에 따르면 '수다원과 사다함은 이미 정법(正法)을 얻어 모든 의혹을 떠났으며 비법(非法) 경서와 부처의 경전을 떠난 것을 의미한다' 하여 세간의 가송(歌頌)이나 기론(記論) 등을 설하지 않는 것으로 기록하고 있다.

그러나 수다원은 번뇌에서 이제 갓 돈오하여 열반세계의 기초적인 근본지를 터득하는 수준으로 생각된다. 깨달음의 초기 과정이라 색(色)에 대해 조금이나마 분별을 일으키는 까닭에 한 번 더 왕래하며 번뇌를 소멸해야 열반에 든다는 과(果)를 말한다. 사다함이 '한 번만 돌아올 자'라고 불리는 것은 윤회문제에서 자유롭지 못함을 나타낸 것 같다.

수다원이 성문(聲聞) 4과의 가장 낮은 단계이지만 색(色)이나 오감의 감각작용에 휘둘리지 않을 정도이므로 내가 수다원과를 얻었다는 '나' 즉 사상을 내세우지 아니할 것이다. 사다함도 자신이 어떻게 불리든 개의치 않는다.

'수보리여! 그대 생각은 어떠한가. 아나함이 나는 아나함과를 얻었다고 생각하겠는가?' 수보리가 대답하였습니다. '아닙니다. 세존이시여! 왜냐하면 아나함은 이름이 되돌아오지 않

는 자라고 불리지만 실은 되돌아오지 않음이 없는 것을 아나함이라 하기 때문입니다.'

　　열반경에 따르면 아나함은 '이미 정법을 얻어 모든 의심을 떠났으며 번뇌가 일어나기 전에 즉시 깨달아 알며 과거의 모든 번뇌에 묶이지 않는다. 마음에 애욕을 떠나 악몽상이 없으며 일체 생사 공포를 떠났으며 머지않아 불도를 성취하게 된다'고 설하고 있다.
　　이는 초월을 이루고 난 다음의 경우와 같다. 아나함은 모든 번뇌가 멸진되었기 때문에 아나함과를 얻었다고 하는 분별심이 일어나지 않는다. 아나함이 '되돌아오지 않는 자'라고 한다면 윤회의 속박에서 자유로운 것을 의미한다.

'수보리여! 그대 생각은 어떠한가. 아라한이 나는 아라한의 경지를 얻었다고 생각하겠는가?' 수보리가 대답하였습니다. '아닙니다. 세존이시여! 왜냐하면 실제 아라한이라 할 만한 고정된 법이 없기 때문입니다. 세존이시여! 아라한이 나는 아라한의 경지를 얻었다고 생각한다면 자아, 개아, 중생, 수자상에 집착하는 것입니다.'

　　아라한은 열반경에 따르면 '번뇌가 다 없어지고 할 일도 마쳐 십지를 구족하고 심심법인(甚深法印)의 기별을 얻었다. 응공등정각(應供等正覺)이 되는 공덕을 구족하였다'고 하여 부처나 다름없음으로 간주한다. 무아(無我)인 무상삼매에 도달하여 번뇌와 고통, 분별을 소멸하였으므로 무념과 무상,

무주를 터득한 경지에 도달하였음을 말하고 있다.

'세존이시여! 제가 만약 나는 아라한의 경지를 얻었다고 생각한다면 세존께서는 수보리는 적정행을 즐기는 사람이라고 말씀하지 않았을 것입니다. 수보리는 실로 적정행을 한 것이 없으므로 수보리는 적정행을 즐긴다고 말할 뿐입니다.'

부처님께서 수보리에게 '다툼이 없는 무쟁삼매를 얻은 사람 가운데 제일이고 욕망을 여읜 제일가는 아라한'이라고 칭찬해 주었다고 한다. 수보리가 아라한의 경지에 있다면 이 말을 들었더라도 이 말씀에 마음이 고양되거나 분별하거나 집착하지 아니 하였을 것이다.
'아라한의 경지를 얻었다'고 생각한다면 '나'를 비롯한 사상을 내세우는 결과가 되는 것이며 다툼이 있다 또는 없다는 등 세속적인 말도 격에 맞지 않는다. 적정행도 아라한이라면 당연히 하는 것이어서 이 말에 흔들리거나 분별심을 일으키는 생각이 없을 것이다.

금강경은 부처님의 말씀을 듣고 공부하는 성문(聲聞)에 대한 평가가 대단히 높다. 성문의 가장 하위인 수다원을 삼계의 견혹을 끊고 무루도(無漏道)에 들어간 지위라 하며 아라한은 최고의 깨달음을 얻은 이를 가리킨다고 한다. 아라한은 응공(應供) 또는 진인(眞人)이라 하여 다음에는 부처가 될 수 있는 계위이다.
그런데 능가경은 부처가 아라한에게 수기하는 이유를 보

살행을 하도록 권하기 위해서라고 하였다. 즉 아라한을 보살마하살의 다음 계위로 말하고 있다. '왜 아라한에게 보살마하살과 같이 아뇩다라삼먁삼보리를 수기하시나이까.' '나는 아라한이 유여열반에 머무르지 않고 무여열반을 얻도록 하기 위함이다. 이는 아라한들이 보살행을 하도록 은밀히 권하기 위해서이다.'

미래에 부처가 될 것이라고 약속하는 수기(受記)는 아뇩다라삼먁삼보리 즉 쿤달리니의 깨달음이 있어야 오감을 초월하여 전의하며 미래에 부처가 될 수 있다. 능가경이 말하는 수기의 대상이 아라한이라면 아직 전의에 들지 못한 이 무상정의 경지여야 한다. 그렇다면 수다원의 경지는 이제 공부를 시작한 지 얼마 되지 않은 정도여야 한다. 그런데 금강경은 아라한이 적정행을 행하고 있다고 말한다. 따라서 금강경은 성문 4과에 대해 과도하게 높은 평가를 하고 있는 셈이다.

아라한이 부처경지의 첫 단계라는 설이 있고 사람으로서는 최고단계인 무상삼매의 경지라는 설도 있다. 그러나 이 차이는 오감을 분수령으로 하는 인간의 한계를 넘었다거나 넘지 못했다는 간극이 있다.

10. 불국토를 장엄하다(莊嚴淨土分)

부처님께서 수보리에게 말씀하셨습니다.

"그대 생각은 어떠한가. 여래가 옛적에 연등부처님 처소에서 법에 대해 무엇을 더 얻은 것이 있는가?"

"없습니다. 세존이시여! 여래께서 연등부처님 처소에서 실제로 법에 대해서 얻은 것이 더는 없습니다."

"수보리여! 그대 생각은 어떠한가. 보살이 불국토를 아름답게 꾸미는가?"

"아닙니다. 세존이시여! 왜냐하면 보살이 불국토를 아름답게 꾸민다는 것은 아름답게 꾸미는 것이 아니므로 아름답게 꾸민다고 말하기 때문입니다."

"그러므로 수보리여! 모든 보살마하살은 이와 같이 깨끗한 마음을 내어야 한다. 모양에 집착하지 않고 마음을 낼 것이며 소리, 냄새, 맛, 감촉, 마음의 대상에도 머무르지 않고 마음을 내어야 한다. 마땅히 머무는 바 없이 그 마음을 내어야 한다.

수보리여! 어떤 사람의 몸이 산들의 왕 수미산만큼 크다면 그대 생각은 어떠한가. 그 몸이 크다고 하겠는가?"

수보리가 대답하였습니다. "아주 큽니다. 세존이시여! 왜냐하면 부처님께서는 몸이 아님을 말씀하셨으므로 그 이름이 큰 몸이기 때문입니다."

佛告須菩提於意云何如來昔在然燈佛所於法有所得不不也世尊如來在然燈佛所於法實無所得須菩提於意云何菩薩莊嚴佛土不不也世尊何以故莊嚴佛土者則非莊嚴是名莊嚴是故須菩提諸菩薩摩訶薩應如是生淸淨心不應住色生心不應住聲香味觸法生心應無所住而生其心須菩提譬如有人身如須彌山王於意云何是身爲大不須菩提言甚大世尊何以故佛說非身是名大身

연등불(燃燈佛) 석가여래의 전생에서 이 부처님을 만나 공양하고 미래에 성불할 것이라고 수기(受記)를 주었다는 부처.
수기(受記) 부처님으로부터 미래에 반드시 부처가 된다는 기별(記別)을 받는 것을 말한다.
무상정(無相定) 마음의 작용이 모두 멸절(滅絶)한 정(定)으로 멸진정과 함께 이무심정(二無心定)이라 한다.
멸진정(滅盡定) 정신작용이 완전히 멈춘 상태이므로 호흡도 적어지고 체온도 내려가 일종의 동면상태에 들어 있는 정이다. 무심정과는 달리 식사도 하지 않고 용변도 보지 않으며 죽음에 이르기 일보 직전의 빈사상태라 할 수 있는 선정이다.
비유비무(非有非無) 사물이 자성이 없는 까닭에 비유이고, 환과 같고 꿈에 여러 사물이 보이는 것과 같으므로 비무이다. 공(空)을 가리킨다. 보되 봄이 없으며 취하지만 취함이 없으므로 모든 것이 비유이고 비무라 한다. 연기성에 의지하면 망령된 분별과 집착성이 생기는데 이것이 허망한 분별성이라 하여 비유이며 비무라 한다.
불생불멸(不生不滅) 유·무의 분별상을 일으키지 않는 상태. 상주(常住)의 다른 이름. 어리석은 범부는 갖가지 것들을 분별하여 집착하므로 이 모든 집착이 오직 자기 마음 때문임을 알게 하여 부처의 경지에 들게 하기 위함이다.

사유(思惟) 생각함. 생각해 내는 것. 진실한 도리를 생각하는 정사유(正思惟)는 팔성도(八聖道)의 하나이다.

증오(證悟) 올바른 지혜로 진리를 깨달아 아는 것.

법무아(法無我) 아(我)는 영원히 변하지 않고[常], 독립적으로 자존하며 주인공으로서의 주체가 되는 영혼적 또는 본체적 실체를 의미한다. 모든 사물에는 이런 아(我)가 없다 해서 무아, 법무아, 또는 제법무아(諸法無我)라 한다.

무공용행(無功用行) 일을 하려고 미리 마음속에서 계획하고 분별하는 일이 없이 자연에 맡기는 것.

'그대 생각은 어떠한가. 여래가 옛적에 연등부처님 처소에서 법에 대해서 무엇을 더 얻은 것이 있는가?' '없습니다. 세존이시여! 여래께서 연등부처님 처소에서 실제로 법에서 더 얻은 것이 없습니다.'

석가모니 부처님께서 전생에 연등부처님 처소에서 수기를 받아 부처가 되었다고 하는데 어째서 취한 법이 없다고 하는가. 석가모니 부처님께서 연등부처님 처소에서 수행을 하셨고 수기를 받았다면, 가르침을 받고 법을 이어받았다고 사람들은 생각할 것이다. 당연히 스승님의 가르침으로 공부했음을 인정하는 것이 제자로서의 도리이고 스승에 대한 예의일 것이다.

세존께서는 이를 부정하는 발언을 하신 것이다. 왜 그랬을까 이유가 궁금할 것이다. 이무상정을 넘어 전의하면 설령 누구의 조언이나 가르침을 받더라도 아무런 도움이 되지 않는다. 따라서 이 전의부터는 명상만 꾸준히한다면 여러 과정이 저절로 이뤄지고 자증(自證)만 하면 된다.

쿤달리니의 완성을 신인합일(神人合一)이라고 한다. 그 다음 자리가 전의(轉依)인데 여기서 호흡과 장소, 시간의 문제 등 약간의 어려움이 있지만 전의가 일단 이뤄지면 초월과 무상삼매(無相三昧) 즉 무아까지는 명상만 열심히 하면 가능하다. 이처럼 저절로 이뤄지는 과정에서 각 과정을 나타내는 특이한 현상들이 있다. 이 현상으로부터 어떤 과정인지 스스로 깨닫는 것이다. 스승의 가르침으로 이를 얻고 인가하는 것이 아니라 자증(自證)하여 스스로 인식하는 것이다.

능가경에서는 이 과정들은 마음 지어 하겠다는 작위행(作爲行)을 떠나 저절로 이루어진다 하는데 이를 무공용행(無功用行)이라 한다. 따라서 전의부터는 스승이 없이, 또 법이라 할 어떤 규정도 없이 다만 순서에 따라 저절로 열반이 이루어진다.

전의 이후에는 배움과 공부하는 법 등 얻음이 있다고 하지 않는다. 이 경지에서는 더 배울 것이 없다 하여 무학(無學)이라 한다. 이런 이유로 연등부처님의 처소에서는 실제로 얻은 법은 없다고 하였다.

진아의 발현은 무공용행의 예외로 상당한 노력을 기울여야 한다. 이 과정들을 거쳐야 일체법이 무상인 것을 알게 되고 불생불멸이며 무아와 진아를 증득하고 부처가 될 수 있다. 따라서 이무상정을 넘어서면서부터는 부처의 경지에 이르기까지 철저히 혼자서만 길을 가야 한다.

　사람으로서의 욕구, 욕심 등이 쿤달리니가 완성되면서 자신도 모르게 서서히 비워지고 사라진다. 집착도 얽매임도 의식마저도 모두 소멸하여 버린다. 법에도 걸림이 없게 되어, 있다 없다고 하는 것을 서서히 느끼지 못하게 된다. 그래서 세존께서는 법이 있으나 있지 아니하므로 법을 얻은 것이 없다고 말씀하신 것이다.

　능가경은 수행자가 전의의 경지에 이를 때 다음과 같이 당부하고 있다. '보살마하살이 불신(佛身)을 얻고자 하면 온·계·처에 집착하는 마음을 떠나 소의(所依·의지하는 識)을 돌려서 불지(佛地)의 무상(無相)이고 무생(無生)이며 자심에서 증득한 진리를 사유해서 심자재(心自在)와 무공용행(無功用行)과 여여(如如)함을 얻어 오직 마음뿐임을 깨달아 점차 여러 보살지에 들게 된다. 보살은 오직 자심증득(自心證得)의 가르침에 따라 마땅히 잘 수학(修學)하여야 한다.'

'수보리여! 그대 생각은 어떠한가. 보살이 불국토를 아름답게 꾸미는가?' '아닙니다. 세존이시여! 왜냐하면 보살이 불국토를 아름답게 꾸민다는 것은 아름답게 꾸미는 것이 아니므로 아름답게 꾸민다고 말하기 때문입니다.'

　보살이 불국토를 아름답게 꾸미는가라는 질문이다. 대반열반경에 순타장자가 대중의 공양구, 여러 가지 향화, 당번, 보상, 영락 등으로 삼천대천세계를 장엄하니 서방 극락세계와 같았다는 내용이다. 사람들은 엄숙하고 위엄을 나타내기 위해서는 무엇인가 가치 있는 물건들로 장식해야 한다고 생각한다. 그러나 불국토는 이 세상이 아니고 열반세계를 의미하므로 물질적 차원으로 장엄할 수는 없다.

반야심경에 '시제법공상 불생불멸 불구부정 부증불감'이란 글귀가 나온다. 이는 열반세계를 표현하는 글 중 생기지도 않고 멸하지도 않으며 더럽지도 않고 깨끗하지도 않다는 내용이다. 그 자체로 장엄되어 있다. 부처님이 아름답게 꾸미는가라는 세속적인 표현을 써서 수보리가 분별심을 일으키도록 하였지만 함정을 잘 피해 갔다.

'그러므로 수보리여! 모든 보살마하살은 이와 같이 깨끗한 마음을 내어야 한다. 모양에 집착하지 않고 마음을 낼 것이며 소리, 냄새, 맛, 감촉, 마음의 대상에도 머무르지 않고 마음을 내어야 한다. 마땅히 머무는 바 없이 그 마음을 내어야 한다.'

사람들은 눈이나 귀 등 오감이 받아들이는 정보에 의해 만들어지는 모든 상에 대해 끊임없이 헤아리고 분별하고 집착한다. 마치 누에가 고치를 만드는 것과 같이 자신을 자신의 망상의 끈으로 스스로 옭아매고 이 고통으로 괴로워한다. 이 얽매임은 탐착과 성냄 그리고 어리석음을 불러온다[貪瞋癡]. 그리고 즐거움에 집착하고 내생에도 복락을 누리고자 애착하는 것이다. 그렇다면 이 집착이나 애착을 어떻게 없앨 수 있을까. 집착 없이 깨끗한 마음을 내려면 다만 두 가지 방법을 생각해 볼 수 있다. 그 하나로 능가경이 가르치는 경우를 보자. '유·무 등의 법 일체 모두가 자기 마음에서 나타난 것임을 능히 요달하여 분별을 일으키지 아니하고 바깥경계에 취하지 않고 자처(自處)에 머무르면 생각이 일어나지 않는다.'

이 경전 내용처럼 수행할 수만 있다면 참으로 다행이다. 세상의 모든 현상이 자신의 마음에서 비롯한다는 말에 옳다고 수긍하는 사람은 드물 것이다. 더구나 생각을 그처럼 바꿀 수 있고 그래서 분별을 하지 않는다면 참으로 다행한 일이다. 사람의 의식 구조로써 세상의 평범한 진리를 그렇게 뒤집어 보는 것은 불가능에 가깝다.

둘째 쿤달리니를 각성, 완성하고 명상을 시작하는 방법이다. 쿤달리니를 완성하면 앞에서 말한 천인합일(天人合一)과 전의, 초월 등 여러 가지 체험을 순서대로 증득하면서 자연스럽게 생각이 수행과정에 맞춰 바뀌고 변하게 된다.

전의에 이르면 생각이 끊어지다가 초월과정에서는 생각이 일어나지 않게 된다. 수행과정에서 집착을 없애겠다거나 또한 분별을 하지 않겠다는 결심도, 또는 생각을 일어나지 않게 하겠다는 각오도 가질 필요가 없다. 수행과정이 진전되면서 생각이 보조를 맞춰 자연스레 끊어지고 일어나지 않으면서 또 집착과 분별이 서서히 사라지면서 변화하게 되고 나중에는 무념, 무상, 무주의 마음을 내게 된다.

'수보리여! 어떤 사람의 몸이 산들의 왕 수미산만큼 크다면 그대 생각은 어떠한가. 그 몸이 크다고 하겠는가?' 수보리가 대답하였습니다. '아주 큽니다. 세존이시여! 왜냐하면 부처님께서는 몸이 아님을 말씀하셨으므로 그 이름이 큰 몸이기 때

문입니다.'

　사람의 몸이 산들의 왕 수미산만큼 크다면 그대 생각은 어떠한가라는 질문은 불국토를 아름답게 꾸미는가라는 질문과 같다. 부처님께서 수보리가 분별심을 내는지 다시 시험하여 보신 것이다.
　응무소주이생기심(應無所住而生其心)은 사구게로 마땅히 머무르지 않고 생각을 낸다는 뜻이다. 분별하지 않고 집착 없는 마음은 생각을 내려 해도 생각이 날 수 없다는 의미이다. 즉 생각이 일어나지 않는 무심을 말한다.
　이 사구게는 6조 혜능을 비롯한 여러 고승들을 깨닫게 했다는 유명한 사구게이다. 저녁 무렵인데 떠꺼머리 총각이 팔지 못한 나뭇단을 등에 지고 여관 앞을 서성이다가 누군가 금강경을 읽는 소리를 듣는다. 공부를 못해서 일자무식인 이 총각은 '응무소주이생기심'이란 구절이 들리는 순간 활짝 대오하였다 한다.
　이 이야기는 6조 혜능이 깨달음을 얻는 순간을 묘사한 것이다. 중국의 조사, 선사들은 여러 사람이 이처럼 정신이 말짱한 가운데 예상치 못한 돌발 상황에서 대오각성하였다고 주장하고 있다. 그러나 석가모니 부처님이 수행하실 때나 능가경의 경우를 보면 깨달음은 철저히 명상하는 가운데서 일어난다.

11. 무위의 복은 뛰어나다(無爲福勝分)

"수보리여! 항하의 모래 수처럼 많은 항하가 있다면 그대 생각은 어떠한가. 이 모든 항하의 모래 수는 진정 많다고 하겠는가?"

수보리가 대답하였습니다. "아주 많습니다. 세존이시여! 항하들만 해도 헤아릴 수 없이 많은데 하물며 그 강의 모래이겠습니까!"

"수보리여! 내가 지금 진실로 그대에게 말하리라. 선남자 선여인이 그 항하 모래 수처럼 많은 삼천대천세계에 칠보를 가득 채워 보시한다면 그 복덕이 많겠는가?"

수보리가 대답하였습니다. "매우 많습니다. 세존이시여!"

부처님께서 수보리에게 말씀하셨습니다.

"만약 선남자 선여인이 이 경의 사구게만이라도 받고 지녀서 다른 사람을 위하여 설명해 준다면 이 복이 저 복보다 더 뛰어나다."

須菩提如恒河中所有沙數如是沙等恒河於意云何是諸恒河沙寧爲多不須菩提言甚多世尊但諸恒河尚多無數何況其沙須菩提我今實言告汝若有善男子善女人以七寶滿爾所恒河沙數三千大千世界以用布施得福多不須菩提言甚多世尊佛告須菩提若善男子善女人於此經中乃至受持四句偈等爲他人說而此福德勝前福德

무루(無漏) 번뇌에서 벗어나서 없어지고 증가함이 없는 것을 말한다.
유루(有漏) 모든 번뇌를 말한다. 안·이·비 등 6근에서 허물을 항상 만들어 누출한다는 뜻이다.

'수보리여! 항하의 모래 수처럼 많은 항하가 있다면 그대 생각은 어떠한가. 이 모든 항하의 모래 수는 진정 많다고 하겠는가?' 수보리가 대답하였습니다. '아주 많습니다. 세존이시여! 항하들만 해도 헤아릴 수 없이 많은데 하물며 그 강의 모래이겠습니까!' '수보리여! 내가 지금 진실로 그대에게 말하리라. 선남자 선여인이 그 항하 모래 수처럼 많은 삼천대천세계에 칠보를 가득 채워 보시한다면 그 복덕이 많겠는가?' '수보리가 대답하였습니다. 매우 많습니다. 세존이시여!'

항하의 모래 수도 셀 수 없이 많은데 모래 수만큼 항하들이 있고 또 그 항하들의 모래 수만큼의 삼천대천세계라면 그 세계의 수는 가히 헤아릴 수 없이 많을 것이다. 그처럼 많은 세계에 금은보화 등 칠보를 가득 채워 보시한다는 것은 사람으로서는 상상할 수도 없지만 최상의 보시를 의미할 것이다. 한량없는 보시로 인한 복덕도 역시 한량없이 많다고 할 것이다.

부처님께서 수보리에게 말씀하셨습니다. '만약 선남자 선여인이 이 경의 사구게만이라도 받고 지녀서 다른 사람을 위하여 설명해 준다면 이 복이 저 복보다 더 뛰어나다.'

보시하는 공덕은 삼계에서 비교할 수 없이 크나큰 공덕일 것이다. 그처럼 세상에서 다시없을 큰 공덕이라 하더라도 그 공덕은 심(心·제8식), 의(意·제7식), 의식(意識·제6식)에 갇힌 번뇌 속에서의 공덕일 뿐이고 세상의 복 즉 유루의 복일 따름이다.

그러나 반야경전들의 설법을 듣고 큰 지혜를 일으켜 의지하던 식(識)에서 벗어나 전의하게 되면 바로 여래신(如來身)을 이루게 된다. 즉 경전을 함축한 뜻을 지닌 사구게를 받아 지니고 다른 사람들에게 설해 준다면 그 사람은 물론이지만 듣는 사람도 깨달음의 세계에 발을 들여 놓았음을 의미한다.

세상에서 쌓은 공덕이 아무리 크다 하여도 다른 사람들과 함께 자신이 직접 열반으로 나아간다면 그 공덕은 무루의 복덕인데 유루의 복덕과 어찌 비교나 할 수 있겠는가.

12. 올바른 가르침을 존중하다 (尊重正敎分)

"또한 수보리여! 이 경의 사구게만이라도 설해지는 곳곳마다 어디든지 모든 세상의 천신·인간·아수라가 마땅히 부처님의 탑묘에 공양하는 것과 같음을 알아야 한다. 하물며 어떤 사람이 이 경 모두를 받아 지니고 읽고 외우는 일이랴!

수보리여! 반드시 알아야 한다. 이 사람은 가장 높고 가장 경이로운 법을 성취할 것이다. 만약 이 경전이 있는 곳이라면 부처님과 존경받는 제자들이 계시는 곳이다."

復次須菩提隨說是經乃至四句偈等當知此處一切世間天人阿修羅皆應供養如佛塔廟何況有人盡能受持讀誦須菩提當知是人成就最上第一希有之法若是經典所在之處則爲有佛若尊重弟子

천신(天神) 범천(梵天)이나 제석천(帝釋天) 등 하늘에 거주하는 신(神)을 천신이라 한다.
아수라(阿修羅) 약해서 수라(修羅)라고도 한다. 인도 고대에는 전투를 일삼는 일종의 귀신으로 간주되었고, 항상 제석천과 싸우는 투쟁적인 악신(惡神)으로 여겼다.

공양(供養) 식물(食物)이나 의복을 불법승의 삼보나 부모에게 공급하는 일.

탑묘(塔廟) 부처님 사리를 묻고 그 위에 돌이나 흙을 높이 쌓은 무덤 또는 묘(廟)를 말한다..

집중법(集中法) 명상중 정신을 한 곳에 모으는 방법. 대개 상위 차크라의 위치, 즉 미간(眉間)이나 심장부위와 코끝.

관심법(觀心法) 명상중 주관(主觀)인 마음을 관하는 방법. 진리나 법을 관찰하는 것은 관법(觀法)이라 하나 객관대상을 관하는 것이나 주관을 관하는 것이나 서로 융통하므로 관법이나 관심의 의미는 같다고 보아야 한다.

간화선(看話禪) 화(話)란 화두(話頭)의 준말로 화두를 근거로 공부하는 선풍(禪風)을 말한다. 간(看)은 본다는 뜻이다. 공안을 보는 참선법. 묵조선(默照禪)이라는 조동(曹洞)의 선풍에 대한 임제(臨濟)의 선풍을 일컫는다.

'또한 수보리여! 이 경의 사구게만이라도 설해지는 곳곳마다 어디든지 모든 세상의 천신·인간·아수라가 마땅히 부처님의 탑묘에 공양하는 것과 같음을 알아야 한다. 하물며 어떤 사람이 이 경 모두를 받아 지니고 읽고 외우는 일이랴!'

11분에 이어 12분에도 진리를 함축한 사구게의 중요성에 대해 설명한다. 비록 경의 적은 분량이지만 사구게를 설하는 곳은 곧 진리를 설하는 장소로서 천신과 인간, 아수라들이 모여 경청하고 부처님을 기려야 할 곳이라 말한다. 더구나 금강경 모두를 수지, 독송하는 것이 수행상 얼마나 중요한지 잘 설명하고 있다.

수행에는 목표와 방법이 뚜렷하게 제시되어야 한다. 이 경의 전체가 말하고 있는 열반 적정 또는 사구게가 수행의 목표와 방법으로 제시되고 있다. 그런데 수행을 하고자 할 때 분명하게 이 방법이라고 지적하는 말이 없다.

　금강경을 비롯한 반야경전은 각자(覺者)들의 의식세계, 즉 열반 세계에 대한 가르침이다. 그런데 사람들은 반야경전들의 의미를 전혀 이해하지 못한다. 수행방법으로는 부처님이 교시했다는 여러 가지 방법들이 있다. 집중법이나 관심법(觀心法), 지관법(止觀法) 거기다가 조사들이 창안한 간화선(看話禪) 등이 있다. 그러나 어떤 방법으로도 머릿속에 가득 찬 번뇌를 제거 또는 억제하는 것조차 성공한 예가 드물다.

　그래도 견성해서 성불을 이뤘다는 사람들은 제법 있다. 그러나 일생일대 한 번뿐인 경험을 했다는 사람이 그 전 단계에서 느껴지는 오매일여, 승묘경계 등의 의미를 아는 경우는 없다. 더욱이 이 견성자들이 세존의 체험처럼 새벽별이나 무아의 경지 등을 말하는 경우는 어디에서도 볼 수 없다. 그런데 한 번만 체험을 하고도 돈오를 말하고 대오를 과시하고 있다.

　이 사람들은 세존께서 새벽별을 보는 순간 깨달음을 얻었다는 말을 의식한 탓인지 어떤 것에 몰두하다가 또는 응시하다가 무엇인가 번쩍하면 깨달음을 얻었다고 주장하고 있다. 견성을 하여 성품을 보기 위해서는 전의를 시작으로 상당한 세월을 더 수행해야 한다.

　혜능의 후예들은 전의를 견성으로, 마치 전의 이후의 모든 수행과정이 다 끝난 것처럼 줄여서 말하고 있다. 전의만 하더라도 오감을 뛰어넘는 일이어서, 누구도 할 수 없었고 하지 못하는 일이었기에 그렇게 두루뭉수리 넘어가도 이의를 표하지 않았다.

'수보리여! 반드시 알아야 한다. 이 사람은 가장 높고 가장 경이로운 법을 성취할 것이다. 만약 이 경전이 있는 곳이라면 부처님과 존경받는 제자들이 계시는 곳이다.'

이 경을 지니고 읽고 외우면서 부처의 수기를 받고 때가 되면 아뇩다라삼먁삼보리를 얻어 경이로운 법을 성취하게 될 것이다. 그러나 이 방법으로는 짐작도 할 수 없을 정도로 세월이 오래 걸린다. 이는 쿤달리니 각성법을 모르던 시대의 논리다. 사람이 산다는 것은 호흡을 하면서 시작한다. 항상 하는 호흡을 조금만 변형하면 쿤달리니 각성이 가능하고 그러면 전의에 들게 되어 바로 부처세계의 일원이 될 수 있을 터인데….

13. 이 경을 수지하는 방법(如法受持分)

그때 수보리가 부처님께 여쭈었습니다. "세존이시여! 이 경의 이름을 무엇이라 불러야 하며 저희들이 어떻게 받들어 지녀야 합니까."

부처님께서 수보리에게 말씀하셨습니다. "이 경의 이름은 금강반야바라밀이니, 그대들은 이 이름으로 받들어 지녀야 한다. 왜냐하면 수보리여! 여래가 말한 반야바라밀은 반야바라밀이 아니라 설하셨으므로 반야바라밀이라 말한 까닭이다.

수보리여! 그대 생각은 어떠한가. 여래가 설한 법이 있는가?"

수보리가 부처님께 말씀드렸습니다. "세존이시여! 여래께서는 설하신 법이 없습니다."

"수보리여! 그대 생각은 어떠한가. 삼천대천세계에 있는 티끌이 많다고 하겠는가?"

수보리가 대답하였습니다. "매우 많습니다. 세존이시여!"

"수보리여! 여래는 티끌들이 티끌이 아니고 그 이름이 티끌이라 말한다. 여래는 세계를 세계가 아니고 그 이름이 세계라고 말한다.

수보리여! 그대 생각은 어떠한가. 서른두 가지 상호로써 여래라고 볼 수 있는가?"

"없습니다. 세존이시여! 서른두 가지 상호를 가지고 여래라고 볼 수는 없습니다. 왜냐하면 여래께서는 서른두 가지 상호는 서른두 가지 상호가 아니라고 설하셨으므로 서른두 가지 거룩한 상호라고 말씀하셨기 때문입니다."

"수보리여! 어떤 선남자 선여인이 항하강의 모래 수와 같은 수많은 목숨을 바쳐 보시한다고 하자. 또 어떤 사람이 이 경전 가운데 사구게만이라도 받아 지니고 다른 사람을 위해 설해 준다고 하자. 그러면 이 복이 저 복보다 더욱 많으리라."

爾時須菩提白佛言世尊當何名此經我等云何奉持佛告須菩提是經名爲金剛般若波羅蜜以是名字汝當奉持所以者何須菩提佛說般若波羅蜜則非般若波羅蜜是名般若波羅蜜須菩提於意云何如來有所說法不須菩提白佛言世尊如來無所說須菩提於意云何三千大千世界所有微塵是爲多不須菩提言甚多世尊須菩提諸微塵如來說非微塵是名微塵如來說世界非世界是名世界須菩提於意云何可以三十二相見如來不不也世尊不可以三十二相得見如來何以故如來說三十二相卽時非相是名三十二相須菩提若有善男子善女人以恒河沙等身命布施若復有人於此經中乃至受持四句偈等爲他人說其福甚多

금강반야바라밀경(金剛般若波羅蜜經) 금강반야경, 금강경이라고도 한다. 구마라집이 402년 번역한 것인데 양나라 무제의 맏아들인 소명태자(昭明太子)가 재편집하여 만든 금강경이 오늘 우리가 사용하는 경이다.

반야바라밀(般若波羅蜜) 신역에서는 반야바라밀다(般若波羅蜜多)라 한다. 육바라밀의 하나로 반야바라밀 중에서 제1이라 한다. 반야를 지혜라 번역하고 바라밀은 도(度) 또는 도피안(到彼岸)이라 번역한다. 실상(實相)을 관조(觀照)하는 지혜로 생사의 이 언덕을 건너 열반의 피안(彼岸)에 이르는 배와 같으므로 반야야말로 참다운 의미의 바라밀이라 한다.

삼십이상(三十二相) 32 대인상(大人相), 32 대장부상(大丈夫相). 불타의 육신이나 전륜성왕의 몸에 갖추어져 있는 거룩한 용모·형상 중에서, 특히 현저하게 뛰어난 서른두 가지를 32상(相)이라 하고 여기에 미세하고 은밀한 것인 80종호(種好)를 합쳐 상호(相好)라 한다.

그때 수보리가 부처님께 여쭈었습니다. '세존이시여! 이 경의 이름을 무엇이라 불러야 하며 저희들이 어떻게 받들어 지녀야 합니까.' 부처님께서 수보리에게 말씀하셨습니다. '이 경의 이름은 금강반야바라밀이니, 그대들은 이 이름으로 받들어 지녀야 한다. 왜냐하면 수보리여! 여래가 말한 반야바라밀은 반야바라밀이 아니라 설하셨으므로 반야바라밀이라 말한 까닭이다.'

금강은 모든 물질 가운데 가장 강하고 굳센 성질이므로 모든 것을 부술 수 있으면서 모든 것으로부터 부서지지 않는 특성이 있다. 그러므로 이 금강을 이름으로 하는 것은 강하고 굳세며 뛰어나다는 의미가 있다. 반야바라밀의 반야는 지혜를 말한다. 이 지혜는 사람들이 추리해서 짜낼 수 있는 지혜를 말하는 것이 아니라 분별, 또는 식별(識別)하는 생각 이전의 지혜를 말한다.

갑자기 반야바라밀이 나온다. 반야바라밀과 아뇩다라삼먁삼보리는 의미상 어떤 차이가 있는가. 아뇩다라는 무상(無上)으로 이 위에 다시 없다는 뜻이고 삼먁삼은 정변(正遍)으로 바르고 넓음을 의미하며 보리는 깨달음의 지혜를 뜻한다. 따라서 아뇩다라삼먁삼보리를 한자로 표기하면 무상정변지(無上正遍智) 즉 이 위에 다시없는 최상의 바른 깨달음, 곧 부처님의 지혜를 말한다.

반야는 분별과 집착이 끊어진 완전한 지혜의 완성을 의미한다. 바라밀은 피안(彼岸)으로 간다는 뜻으로 부처님의 지혜를 의미하므로 아뇩다라삼먁삼보리와 반야바라밀은 같은 말이다. 즉 쿤달리니를 통한 깨달음을 의미함을 알 수 있다.

반야바라밀을 반야바라밀이 아니라고 설한 까닭은 반야바라밀은 '이곳 차안(此岸)에서 열반의 저 언덕에 가는 방법'을 말하는 것인데 그 방법을 가리키기보다 방법의 이름을 나타낸 것이다. 그 이름은 방법을 말하는 것 같지만 그 방법 자체는 아니다.

이해를 돕기 위해 예를 들면 홍길동이라는 사람이 있다고 하자. 홍길동이라는 이름은 많은 사람들 중에서 특정한 사람을 구분하기 위해 주어진 이름일 뿐이다. 홍길동이라는 이름은 그 사람의 육체를 가리킬 뿐 사람 자체와는 상이점도 없고 유사점도 전혀 없다.

따라서 반야바라밀은 '차안에서 피안으로 가는 방법'을 말하는 것이므로 그 실행하는 방법이 중요할 뿐이지 그 이름이나 방법, 관념에 집착하여서는 안 된다.

'수보리여! 그대 생각은 어떠한가. 여래가 설한 법이 있는가?' 수보리가 부처님께 말씀드렸습니다. '세존이시여! 여래께서는 설하신 법이 없습니다.'

여래께서는 팔만사천(八萬四千) 법문을 설하였다고 알려 지고 있어 상당히 많은 말씀을 하셨다고 사람들은 생각할 것이다. 그런데 수보리는 설한 법이 없다고 대답했는데 여래께서는 그 대답에 만족하셨음인지 말씀이 없으셨다.

사람이 자신의 사고방식, 생각으로부터 자유롭게 벗어나기 시작하는 시점이 바로 전의(轉依)이다. 의지하던 생각[識]이 멸한다면 그 의식 대신 우선 근본지(根本智)와 후득지(後得智)가 깨달은 자에게 갖추어진다.

이 지혜는 무념·무상·무주라는 상상하기 어려운 특이한 권능으로 깨달은 사람에게 서서히 갖추어진다. 깨달아서 부처가 되면 자신이 증득한 반야의 실상을 중생들에게 기꺼이 가르치게 된다. 즉 도피안(到彼岸)을 실행할 수 있는 지혜를 전수하게 된다.

여래는 팔만사천의 법문을 설하였지만 법문을 하였다는 생각이 일어나지 않으며[無心] 분별하지 않고 상을 내지 않으며[無相], 거기에 마음을 두지 않고 의미를 주지 않으므로[無住] 설한 일이 없다고 한다. 부처는 삼라만상의 모든 것이 오직 중생들이 자기 마음에서 분별한 경계일 뿐인데 미혹하여 알지 못한다고 한탄한다. 그것은 인간의 생각 기능이 당연하다고 인식하는 사람에게는 도저히 이해할 수 없는 일이다.

이렇게도 생각할 수 있다. 만법은 공(空)이어서 너도 나도 모두 무아(無我)이다. 여래도 설법하는 행위의 주체(아뢰야식)가 없으므로 설법을 했다고 하나 설법을 했다고 할 수 없고, 듣는 청중들인 중생들도 무아(無我)이므로 들었어도

들었다 할 수 없다. 설하는 자와 듣는 자가 없다면 이 설법회는 이뤄진 것이라 할 수 없다. 따라서 여래는 법을 설한 일이 없는 것이 된다.

능가경의 이 부분에 대한 해석을 보자. '보는 자[能見]가 없으며 보이는 것[所見]도 없으니, 설하는 자도 없고 설해진 것도 없으니 부처님을 보고 법을 들었다는 것도 모두 분별이다. 이렇게 관하고는 모든 분별의 연을 끊으며 또한 망령된 마음에서 취한 명(名)과 의(義)를 떠나고 신(身)과 사물 및 주처(住處)의 모든 것이 모두 장식(藏識)의 경계임을 알며, 인식하는 자와 인식되는 대상 및 생·주·멸이 없는 것을 알아 항상 계속하여 끊지 않느니라'라고 하여 계속 노력할 것을 당부한다.

능가경은 또 이렇게 설한다. '제불(諸佛)이 증득함이 부증불감(不增不減)하고 지혜로 행하는 바가 언설상을 떠나고 분별상을 떠나며 문자상을 떠나 있음을 말한다. 법계의 법성은 모두 다 상주함을 말한다. 제불(諸佛)이 증득한 진여와 상주의 법성도 이와 같다. 이 까닭에 성불한 때로부터 열반하기 까지 사이에 한 자도 설하지 않았고 또한 설하여 마친 것도 아니고 또한 설할 수도 없는 것이니라.'

열반경은 다음과 같이 말하였다. '여래가 일체 중생을 위하여 제법을 언설했으나 실로 설한 바 없음이다. 왜냐하면 설한 바 있다면 유위법이기 때문이다. 여래는 유위가 아니므로 무설(無說)이라 하였다.'

그렇다면 법을 설하는 이유는 무엇일까. 능가경은 '모든 법문을 설하는 것은 여러 업으로 생사에 빠지고 유무와 단멸의 지견에 빠짐을 막게 하고자 하는 것을 알게 함이니라. 모든 상이 환과 같다 한 것은 자성상(自性相)이 있다고 보는 것을 떠나게 함이니라. 나쁜 지견에 빠져 모든 것이 오직 마음이 나타난 것[唯心所現]임을 모르는 어리석은 범부들이 인연으로 상에 집착하는 데서 멀리 떠나게 하고자 모든 것이 환과 같다고 설하는 것이다'라고 말한다.

'수보리여! 그대 생각은 어떠한가. 삼천대천세계에 있는 티끌이 많다고 하겠는가?' 수보리가 대답하였습니다. '매우 많습니다. 세존이시여!' '수보리여! 여래는 티끌들이 티끌이 아니고 그 이름이 티끌이라 말한다. 여래는 세계를 세계가 아니고 그 이름이 세계라고 말한다.'

삼천대천세계와 티끌, 세계 등은 형체와 질량, 이름의 차이가 있어 중생들로서는 당연히 분별되어야 한다. 그러나 세존께서는 그것은 관념과 개념, 법, 이름 등 여러 가지로 머리를 굴려 분별하는 것일 뿐이어서 이에 집착하지 말라 말씀하신다.

분별에 대해서도 능가경은 다음과 같이 설하고 있다. '분별을 떠나라 하였으니 유무의 견을 일으킬 수 없다. 분별을 억지로 없애려 하는 것은 이미 분별이 있음을 전제로 하고 그것을 없애려 하고자 함이니 마찬가지로 유무의 분별이 있게 된다. 그렇다면 어떻게 해야 하는가. 분별에 본래 분별함이 없음을 아는 것이다. 능(能)과 소(所)가 공적(空寂)하여 분별함에 분별함이 없다. 분별함을 제거해서 분별을 넘어서는 것이다. 분별함이 그대로 분별을 떠나 있는 것이니 다만 그러함을 여실히 아는 것이고 그것이 곧 여래이다.'
  능가경의 말씀에 따르면 분별하는데 분별함이 없음을 아는 것이다. 이 의미도 정확한 뜻은 고사하고 유추할 수도 없다. 어떻게 공부를 해야 할 것인가. 생각으로 생각의 기능인 분별을 넘어선다는 것은 절대 불가능하다. 쿤달리니라면 모든 의문이 저절로 풀리게 된다.

  '수보리여! 그대 생각은 어떠한가. 서른두 가지 상호로써 여래라고 볼 수 있는가?' '없습니다. 세존이시여! 서른두 가지 상호를 가지고 여래라고 볼 수는 없습니다. 왜냐하면 여래께서는 서른두 가지 상호는 서른두 가지 상호가 아니라고 설하셨으므로 서른두 가지 거룩한 상호라고 말씀하셨기 때문입니다.'

  서른두 가지 신체적 특징은 대인(大人)이나 대장부(大丈夫)의 상(相)으로서 불타의 육신, 하늘의 전륜성왕의 몸에나 갖추어진다는 거룩한 생김새이다. 그렇다면 그 상호(相好)는 어떤 수준 이상의 세계에서는 일반적이고 보편적인 상일 것이다. 따라서 상호에 충실한 모습을 지녔다고 하지만 여래상의 상호라고 할 수는 없다. 여래는 생김새나 물질적 표현으로는 존재하지 않는다.
  여래의 상에 대해서 능가경은 이렇게 말한다. '무상(無相)의 지(智)를 이름하여 여래라 한다. 이 까닭에 여래는 지(智)를 체(體)와 신(身)으로 하는 것이며 분별할 수 없고 분별의 대상도 될 수 없다. 왜 분별할 수 없는가. 의식의 경계에 따라 색(色)의 형상이 일어나 취하게 되는데 그림자와 같고 환(幻)과 같은 것이므로 능히 분별함을 떠날 수 있고 또한 분별되는 것에서도 떠날 수 있는 것이니라.'

반야바라밀에서 부처가 설한 법, 티끌과 상호까지 네 번씩이나 계속해서 현상적 또는 추상적인 이름[名]과 상징들, 개념들이 나열되고 있다. 이 이름들은 어떤 사물이나 일들을 가리키는 말이지만 엄밀하게 보면 그 사물이나 일들의 본질과는 아무 관련이 없다.

사람들은 현상적이거나 추상적인 이름과 상징, 개념들에 얽매여 계속 분별하며 끝도 없는 집착, 애착하는 일을 계속한다. 이러한 관념으로부터 벗어나 본질적인 차원에서 사물을 집중, 관(觀)함이 수행자들의 바른 길이다.

'수보리여! 어떤 선남자 선여인이 항하의 모래 수와 같은 수많은 목숨을 바쳐 보시한다고 하자. 또 어떤 사람이 이 경전 가운데 사구게만이라도 받아 지니고 다른 사람을 위해 설해 준다고 하자. 그러면 이 복이 저 복보다 더욱 많으리라.'

자신의 목숨은 세상의 어떤 귀한 것보다 더욱 귀하다. 비록 윤회해서 수없이 많은 생을 산다고 하지만 그 귀한 목숨을 한 번도 아니고 무한대로 보시한다고 하자. 그 값어치를 어찌 상상이나 할 수 있을까. 아무리 귀한 것이지만 보시한다는 개념은 물질세계, 중생계에서나 이루어지는 일이다.

그러나 경의 진리를 집약하는 사구게를 법 보시하는 것은 중생들에게 진리를 생각하게 할 수 있는 훌륭한 유인책이며 그 수단이다. 따라서 중생계에서는 목숨보다 귀한 것이 없어 생명을 보시하는 것이 지극한 복이라 하지만 열반의 복과 비교가 되지 않는다.

　현상적이고 추상적인 이름, 상징, 개념 등을 생각에서 배제하고 본질적으로 접근하여 집중하고 관한다는 일은 쉽지 않다. 더구나 생각의 관점을 바꾼다는 것은 대부분의 사람들로서는 생각할 수 없는 일이다.
　무슨 사물이나 사상을 본질적으로 파고들어 정체를 확인하고야 말겠다는 의지는 수행자에게 가장 필요한 덕목이다. 번뇌가 생기는 즉시 관(觀)하는 습성이 들면 일상생활에서도 사물을 본질적으로 보는 안목이 생긴다. 이 지혜가 자연스럽게 현상적이고 추상적인 이름이나 상징, 개념들을 멀리하게 된다.
　그렇지만 의식은 쉽게 바뀌지 않는다. 이무상정(二無相定) 단계의 특이 현상들을 겪고 전의가 일어나게 되면 세상에서의 의식이 서서히 바뀌어 간다. 즉 근본지와 후득지가 마음을 차지하면 세속적인 관념들이 사라진다. 따라서 생각이 바뀌지 않는다고 조급증을 낸다면 정신적 압박을 받거나 수행생활이 어려워진다.

14. 상을 떠난 적멸(離相寂滅分)

그때 수보리가 이 경 설하심을 듣고 뜻을 깊이 깨달아 알고 감격의 눈물을 흘리며 부처님께 말씀드렸습니다.

"경이롭습니다. 세존이시여! 제가 지금까지 얻은 지혜로는 부처님께서 이같이 깊이 있는 경전 설하심을 들은 적이 없습니다. 세존이시여! 만일 어떤 사람이 이 경을 듣고 믿음이 청정해지면 바로 궁극적 지혜가 일어날 것이니, 이 사람은 가장 희유한 공덕을 성취할 것임을 알아야 합니다.

세존이시여! 이 실상이라는 것은 곧 실상이 아닙니다. 그러므로 여래께서는 그 이름이 실상이라고 말씀하셨습니다. 세존이시여! 제가 지금 이 같은 경전을 듣고 믿고 이해하고 받고 지니기는 어렵지 않습니다. 그러나 최후의 오백년 뒤에도 어떤 중생이 이 경전을 듣고 믿고 이해하고 받고 지닌다면 이 사람이야말로 가장 희유로울 것입니다.

왜냐하면 이 사람은 자아가 있다는 상, 개아가 있다는 상, 중생이 있다는 상, 수자가 있다는 상이 없기 때문입니다. 그

것은 자아가 있다는 상은 상이 아니며, 개아가 있다는 상, 중생이 있다는 상, 수자가 있다는 상은 상이 아닌 까닭입니다. 왜냐하면 모든 상을 떠난 이를 부처님이라 부르기 때문입니다."

부처님께서 수보리에게 말씀하셨습니다. "그렇다. 그렇다. 만일 어떤 사람이 이 경을 듣고 놀라지도 않고 무서워하지도 않고 두려워하지도 않는다면 이 사람은 매우 경이로운 줄 알아야 한다. 왜냐하면 수보리여! 여래가 말한 제일 바라밀은 제일 바라밀이 아니고 그 이름이 제일 바라밀이라 말하기 때문이다.

수보리여! 인욕바라밀도 여래는 인욕바라밀이 아니고 그 이름이 인욕바라밀이라 설하였다. 왜냐하면 수보리여! 내가 옛날에 가리왕에게 온 몸을 마디마디 잘렸을 때, 나는 자아가 있다는 상, 개아가 있다는 상, 중생이 있다는 상, 수자가 있다는 상이 없었기 때문이다.

왜냐하면 내가 옛날 마디마디 사지가 잘렸을 때 자아가 있다는 상, 개아가 있다는 상, 중생이 있다는 상, 수자가 있다는 상이 있었다면 성내고 원망하는 마음이 생겼을 것이기 때문이다. 수보리여! 여래는 과거 오백 생 동안 인욕선인이었는데 그때 자아가 있다는 상이 없었고, 개아가 있다는 상이 없었고, 중생이 있다는 상이 없었고, 수자가 있다는 상이 없었다.

그러므로 수보리여! 보살은 모든 관념을 떠나서 최상의 바른 깨달음의 마음을 일으켜야 한다. 사물에 머무르지 않고 마음을 내어야 하며 소리, 냄새, 맛, 감촉, 마음의 대상에도 머무르지 않고 마음을 내어야 한다. 마땅히 머무는 바 없이 마음을 내어야 한다. 마음에 집착이 있다면 그것은 올바른 삶이 아니다. 그러므로 보살은 사물에 집착 없는 마음으로 보시해야 한다고 여래는 설하였다.

수보리여! 보살은 일체 중생을 이롭게 하기 위해 이와 같이 보시해야 한다. 여래는 일체 중생이란 상은 중생이란 상이 아니라고 설하고, 또 모든 중생도 중생이 아니라고 설한다. 수보리여! 여래는 바른 말을 하는 이고, 참된 말을 하는 이며, 이치에 맞는 말을 하는 이고, 거짓 없이 말하는 이며 사실대로 말하는 이이다. 수보리여! 여래가 얻은 법에는 진실도 없고 거짓도 없다.

수보리여! 보살이 온갖 것에 집착하는 마음으로 보시하는 것은 마치 사람이 어둠 속에 들어가면 아무 것도 볼 수 없는 것과 같다. 만약 보살이 상에 집착하지 않는 마음으로 보시하면 마치 눈 있는 사람에게 햇빛이 밝게 비치면 갖가지 모양을 볼 수 있는 것과 같다.

수보리여! 미래에 선남자 선여인이 이 경전을 받아 지니고 읽고 외운다면 여래는 부처의 지혜로 이 사람들이 모두 한량없는 공덕을 성취하게 될 것임을 다 알고 다 본다.”

爾時須菩提聞說是經深解義趣涕淚悲泣而白佛言希有世尊佛說如是甚深經典我從昔來所得慧眼未曾得聞如是之經世尊若復有人得聞是經信心淸淨則生實相當知是人成就第一希有功德世尊是實相者則是非相是故如來說名實相世尊我今得聞如是經典信解受持不足爲難若當來世後五百歲其有衆生得聞是經信解受持是人則爲第一希有何以故此人無我相人相衆生相壽者相所以者何我相卽是非相人相衆生相壽者相卽是非相何以故離一切諸相則名

諸佛佛告須菩提如是如是若復有人得聞是經不驚不怖不畏當知是人甚爲希有何以故須菩提如來說第一波羅蜜非第一波羅蜜是名第一波羅蜜須菩提忍辱波羅蜜如來說非忍辱波羅蜜何以故須菩提如我昔爲歌利王割截身體我於爾時無我相無人相無衆生相無壽者相何以故我於往昔節節支解時若有我相人相衆生相壽者相應生瞋恨須菩提又念過去於五百世作忍辱仙人於爾所世無我相無人相無衆生相無壽者相是故須菩提菩薩應離一切相阿耨多羅三藐三菩提心不應住色生心不應住聲香味觸法生心應生無所住心若心有住則爲非住是故佛說菩薩心不應住色布施須菩提菩薩爲利益一切衆生應如是布施如來說一切諸相卽是非相又說一切衆生則非衆生須菩提如來是眞語者實語者如語者不誑語者不異語者須菩提如來所得法此法無實無虛須菩提若菩薩心住於法而行布施如人入闇則無所見若菩薩心不住法而行布施如人有目日光明照見種種色須菩提當來之世若有善男子善女人能於此經受持讀誦則爲如來以佛智慧悉知是人悉見是人皆得成就無量無邊功德

실상(實相) 모든 것의 있는 그대로의 참모습. 실상을 관찰하는 것을 실상관(實相觀)이라 한다.

희유(希有) 고맙고도 드물게 있는 것이란 뜻. 아주 드물고 진귀한 것. 그와 같은 예가 없는 것

인욕(忍辱)바라밀 피안(彼岸) 즉 열반에 이르기 위하여 보살마하살이 수행하는 여섯 가지 대행(大行) 중의 하나. 타인으로부터 받은 박해나 고통을 잘 참고 도리어 그것을 받아들임으로써 원한과 노여움을 없애고, 제법(諸法)을 밝게 관찰하여 마음을 안주(安住)하는 것을 말함.

가리왕(歌利王) 범어 kali, 또는 迦利, 哥利 등으로 쓴다. 투쟁이라 번역함. 부처님이 과거세에 인욕선인(忍辱仙人)이 되어 수도할 때에 부처님의 팔다리를 끊은 포악한 임금. 한편 여래가 과거에 수행을 할 때 국왕이 되어 열 가지 좋은 일을 실천하여 백성들에게 이익을 주었으므로, 백성들이 왕을 칭찬했다는 의미에서 이름을 가리왕(歌利王)이라 불렀다고도 한다.

관념(觀念) 불교의 용어로, 진리 또는 부처님을 관찰하고 생각하는

상을 떠난 적멸(離相寂滅分)

것. 마음을 조용히 하여 제법(諸法)의 진리를 관찰하고 생각함. 명상하는 방법을 표현하는 것과 같다. 심리학 용어로, 대상(對象)을 표시하는 심리(心理) 내용의 총칭. 심리학적 표상(表象)과 거의 동의어로서, 대상을 표시하는 심적 형상(形象)의 총칭. 선악의 개념, 죽음의 관념 같은 것, 아이디어, 상념(想念), 생각, 견해. 여기서는 상(相)을 관념이라 번역하였음.

후오백세(後五百歲) 후오백년이라고도 쓴다. 불멸 후 5종 500년 가운데 제5의 500년으로 투쟁견고(鬪諍堅固)의 시기이다.

그때 수보리가 이 경 설하심을 듣고 뜻을 깊이 깨달아 알고 감격의 눈물을 흘리며 부처님께 말씀드렸습니다. '경이롭습니다. 세존이시여! 제가 지금까지 얻은 지혜로는 부처님께서 이같이 깊이 있는 경전 설하심을 들은 적이 없습니다. 세존이시여! 만일 어떤 사람이 이 경을 듣고 믿음이 청정해지면 바로 궁극적 지혜가 일어날 것이니, 이 사람은 가장 희유한 공덕을 성취할 것임을 알아야 합니다.'

만일 어떤 사람이 이 경을 듣고 청정해진다면 이는 무슨 뜻일까. 불교를 믿는 사람이라면 금강경을 알고 그래서 이 경을 보고 듣는 것은 일반적이고 그저 평범한 일이다. 그런데 이 금강경의 의미를 안다고 하는 것은 인간 세상에는 극히 희귀한 일이다. 이 경은 사람이 수행을 시작해서 전의(轉依)의 경지를 지나야 조금 이해할 수 있다. 그런데 불교를 모르는 사람이 이경을 듣고 청정해진다면 이 사람의 경지는 전의의 경지를 이미 넘어섰을 것이다.

금강경은 대각을 이룬 사람이 자신의 변화된 의식 상태를 묘사한 글이다. 이 깨달음의 세계는 전의한 수행자라야 조금 이해할 수 있을 정도인데 일반 사람들은 이 경의 뜻을 모르는 것이 너무나 당연하다. 그런데도 이 경을 듣고 눈이 번쩍 뜨여 청정해졌다면 이 사람은 이미 궁극적인 지혜에 근접해 있음을 의미한다. 부처님께서는 불교 밖에서 누군가 이 일을 해낼 수 있으리라 생각하신 것일까.

'세존이시여! 이 실상이라는 것은 곧 실상이 아닙니다. 그러므로 여래께서는 그 이름이 실상이라고 말씀하셨습니다. 세존이시여! 제가 지금 이 같은 경전을 듣고 믿고 이해하고 받고 지니기는 어렵지 않습니다. 그러나 최후의 오백 년 뒤에도 어떤 중생이 이 경전을 듣고 믿고 이해하고 받고 지닌다면 이 사람이야말로 가장 희유로울 것입니다. 왜냐하면 이 사람은 자아가 있다는 상, 개아가 있다는 상, 중생이 있다는 상, 수자가 있다는 상이 없기 때문입니다. 그것은 자아가 있다는 상은 상이 아니며, 개아가 있다는 상, 중생이 있다는 상, 수자가 있다는 상은 상이 아닌 까닭입니다. 왜냐하면 모든 상과 관념을 떠난 이를 부처님이라 부르기 때문입니다.'

모든 것의 참모습이라는 실상은 관념이나 이름일 뿐이어서 수보리는 그 이름이 실상이 아니라고 말하고 있다. 불멸 후 2천5백 년이 흐른 후세에 어떤 사람이 이 경전이 뜻한 바를 이해해서 믿고 받아 지니는 사람이 있다면 이 사람의 수행 정도는 전의 이상의 놀라운 경지에 도달하였을 것이다. 이 사람은 '나'라는 생각이 없고, 사람이라는 생각도 없으며, 남들과 어울려 살아가는 중생이라는 생각도, 이들 모두의 생명이 영원할 것이라고 집착하고 분별하는 생각도 없다.

이처럼 생각이 일어나지 않고, 모든 일에 상(相)이나 분별심이 없으며, 또 온갖 집착을 여읜 사람을 부처라고 부른다. 투쟁견고(鬪諍堅固)라는 시대, 즉 다른 사람의 주장은 받아들이지 않고 자기주장만 옳다고 다툼이나 하는 요즘 세상에 새로운 부처의 왕림을 예고한 것일까.

'그렇다. 그렇다. 만일 어떤 사람이 이 경을 듣고 놀라지도 않고 무서워하지도 않고 두려워하지도 않는다면 이 사람은 매우 경이로운 줄 알아야 한다. 왜냐하면 수보리여! 여래가 말한 제일 바라밀은 제일 바라밀이 아니고 그 이름이 제일 바라밀이라 말하기 때문이다.'

전의 이상 수행이 진전되었으면 이 경을 보더라도 놀라지도, 무서워하지도, 두려워하지도 않을 것이다. 왜냐하면 이 경에 자신의 변화한 모습을 마치 예측이나 하듯 그려져 있으므로 참으로 반갑고, 허전했던 마음이 안정될 것이다. 자신이 무슨 공부를 했는지 이 경을 보고서야 깨닫게 되었으니 말이다. 세상에서 말하는 최상의 깨달음이라는 아뇩다라삼먁삼보리 즉 최고의 바라밀을 수행하였으므로 부처가 되었다 하나 삼먁삼보리나 바라밀이라는 것은 이름이고 분별일 뿐 수행 그 자체가 아니다. 그저 이름을 제일 바라밀이라고 부를 뿐이다.

'수보리여! 인욕바라밀도 여래는 인욕바라밀이 아니고 그 이름이 인욕바라밀이라 설하였다. 왜냐하면 수보리여! 내가 옛날에 가리왕에게 온 몸을 마디마디 잘렸을 때 나는 자아가 있다는 상, 개아가 있다는 상, 중생이 있다는 상, 수자가 있다는 상이 없었기 때문이다. 왜냐하면 내가 옛날 마디마디 사지가 잘렸을 때 자아가 있다는 상, 개아가 있다는 상, 중생이 있다는 상, 수자가 있다는 상이 있었다면 성내고 원망하는 마음이 생겼을 것이기 때문이다. 수보리여! 여래는 과거 오백 생 동안 인욕선인이었는데 그때 자아가 있다는 상이 없었고 개아가 있다는 상이 없었고 중생이 있다는 상이 없었고 수자가 있다는 상이 없었다.'

　　인욕바라밀은 모든 박해나 고통을 잘 참고 받아들임으로써 마음을 평안케 하는 것이라 하나 이름인 인욕바라밀은 이 고통과 인내를 상징할 따름이지 인내하는 그 고통 자체는 아니다. 이름과 관념, 실상을 여러 가지로 예를 들어가며 분별하는 것을 경계하였다.
　　여래는 인욕선인이었던 전생에도 '나'라고 생각되는 거짓 주체인 아상, 인상, 중생상, 수자상 등 사상(四相)이 소멸되었다 하였다. 따라서 가리왕에게 사지가 잘려 극심한 고통을 겪었어도 성내고 원망하는 마음이 일어나지 않았다고 하였다. 아상이 소멸되면 생각에 분별이 없어지고 집착이 없으며 동시에 생각이 일어나지 않는다. 이 이가 즉 부처이다.

'그러므로 수보리여! 보살은 모든 관념을 떠나 최상의 바른 깨달음의 마음을 일으켜야 한다. 사물에 머무르지 않고 마음을

상을 떠난 적멸(離相寂滅分) 107

내어야 하며 소리, 냄새, 맛, 감촉, 마음의 대상에도 머무르지 않고 마음을 내어야 한다. 마땅히 머무는 바 없이 마음을 내어야 한다. 마음에 집착이 있다면 그것은 올바른 삶이 아니다. 그러므로 보살은 사물에 집착 없는 마음으로 보시해야 한다고 여래는 설하였다.'

세상에서는 이름이나 관념이 생각을 결정하는 데 차지하는 비중이 절대적이다. 상이나 관념을 거부하고 게다가 감정문제까지 배제한다면, 그야말로 집착이 없는 마음을 이루는 것이다. 상이나 관념을 떠나고 소리, 마음 등 오감의 모든 대상에 집착이 없다면 무념, 무상, 무주의 상태가 되어 바로 부처의 마음이 된다. 아뇩다라삼먁삼보리이며 반야바라밀의 깨달음이다. 이처럼 무엇에도 걸림이 없는 마음으로 행하고 베풀어야 한다.

보시가 바라밀이 될 수도 있을까. 걸인에게 주는 것은 보시이며 바라밀은 아니다. 걸인이 없어도 마음을 열고 스스로 항상 베푸는 것이 바라밀이며 어쩌다 보시하면 보시일 뿐이다. 마음을 열고 보시를 하되 뒤에 후회하면 바라밀이 아니다. 보살은 재물의 네 가지 근심을 알아 기쁘게 베푸니 바라밀이다. 보답을 바라지 않고 시절이나 복전, 인연 등 모든 차별심을 내지 않으면 바라밀이다.

'수보리여! 여래는 바른 말을 하는 이고, 참된 말을 하는 이며, 이치에 맞는 말을 하는 이고, 거짓 없이 말하는 이며, 사실대로 말하는 이이다. 수보리여! 여래가 얻은 법에는 진실도 없고 거

짓도 없다.'

위의 여래의 표현은 참으로 부드럽고 정감이 가는 말이다. 그러나 여래는 선과 악, 진실과 거짓, 실(實)과 가식(假飾) 등 모든 인간의 이성과 감성의 범주를 넘어선 이이다.

15. 경을 수지하는 공덕(持經功德分)

 "수보리여! 만약 선남자 선여인이 아침나절에 항하의 모래 수와 같은 많은 몸으로 보시하고 점심나절에 또 항하의 모래 수와 같은 많은 몸으로 보시하며 저녁나절에 또한 항하의 모래 수와 같은 많은 몸으로 보시하여, 이와 같이 하기를 한량없는 세월 동안 몸으로 보시한다고 하자.
 만약 어떤 사람이 이 경의 말씀을 듣고 마음에 거슬리지 않으면 이 복이 저 복보다 더 뛰어나다. 하물며 이 경전을 베껴 쓰고 받아 지니고 읽고 외우고 널리 여러 사람을 위해 설명해 주는 일이겠는가!
 수보리여! 간단하게 말하면 이 경은 상상할 수도 없고 설명할 수도 없고 한없는 공덕이 있다. 여래는 대승에 마음을 낸 사람들을 위해 이 경을 설하며 최상승에 마음을 낸 이를 위해 설한다.
 만약 어떤 사람이 이 경을 받아 지니고 읽고 외우며 널리 많은 사람을 위해 설해 준다면 여래는 이 사람이 헤아릴 수 없고 말할 수 없으며 한없고 상상할 수 없는 공덕을 성취할 것임을 모두 알고 다 본다. 이와 같은 사람들은 여래의 최상의 바른 깨달음을 감당하게 될 것이다.

왜냐하면 수보리여! 소승법을 좋아하는 사람은 자아가 있다는 견해, 개아가 있다는 견해, 중생이 있다는 견해, 수자가 있다는 견해에 집착한다면 이 경을 듣고 받아 읽고 외우며 많은 사람을 위해 설명해 주지 못하기 때문이다.

수보리여! 이 경전이 있는 곳은 어느 곳이든 모든 세상의 천신들과 인간과 아수라들이 공양을 하게 될 것이다. 이곳은 바로 탑이 되리니 모두가 공경하고 예배하고 돌면서 그곳에 여러 가지 꽃과 향으로 장엄할 것임을 알아야 한다."

須菩提若有善男子善女人初日分以恒河沙等身布施中日分復以恒河沙等身布施後日分亦以恒河沙等身布施如是無量百千萬億劫以身布施若復有人聞此經典信心不逆其福勝彼何況書寫受持讀誦爲人解說須菩提以要言之是經有不可思議不可稱量無邊功德如來爲發大乘者說爲發最上乘者說若有人能受持讀誦廣爲人說如來悉知是人悉見是人皆得成就不可量不可稱無有邊不可思議功德如是人等則爲荷擔如來阿耨多羅三藐三菩提何以故須菩提若樂小法者着我見人見衆生見壽者見則於此經不能聽受讀誦爲人解說須菩提在在處處若有此經一切世間天人阿修羅所應供養當知此處則爲是塔皆應恭敬作禮圍繞以諸華香而散其處

최상승(最上乘) 더할 나위 없는 교법(敎法)을 말한다.
대승(大乘) 승(乘)은 타는 것이란 뜻이며 미혹의 차안(此岸)으로부터 깨달음의 피안(彼岸)에 이르는 교법을 가리킨다. 대승과 소승(小乘)이란 말은 석존의 입멸 후 원시불교로부터 파생한 부파(部派) 불교와 보살도를 설하는 불교가 발달하였는데 보살도의 교도들이 자신들의 교를 수승하다 하여 대승이라 불렀으며 부파불교를 낮추어서 소승이라 한 것에서 비롯하였다. 소승이라는 교도들은 대승은 부처님이 말씀한 교가 아니라고 비난하는 대승 비불설(非佛說)을 주장하였다.

탑(塔) 본래는 부처님의 사리를 묻고, 그 위에 돌이나 흙을 높이 쌓은 무덤. 만드는 재료로 돌, 벽돌, 금속, 나무 등 여러 가지를 사용하였다. 중국에서는 벽돌로 만든 전탑(塼塔), 우리나라에서는 석조탑(石造塔), 일본에서는 목조탑(木造塔)이 발달하였다.

'수보리여! 만약 선남자 선여인이 아침나절에 항하의 모래 수와 같은 많은 몸으로 보시하고 점심나절에 또 항하의 모래 수와 같은 많은 몸으로 보시하며 저녁나절에 또한 항하의 모래 수와 같은 몸으로 보시하여, 이와 같이 하기를 한량없는 세월 동안 몸으로 보시한다고 하자. 만약 어떤 사람이 이 경의 말씀을 듣고 마음에 거슬리지 않으면 복이 저 복보다 더 뛰어나다. 하물며 이 경전을 베껴 쓰고 받아 지니고 읽고 외우고 널리 사람을 위해 설명해 주는 일이겠는가! 수보리여! 간단하게 말하면 이 경은 상상할 수도 없고 설명할 수도 없고 한없는 공덕이 있다. 여래는 대승에 마음을 낸 사람들을 위해 이 경을 설하며 최상승에 마음을 낸 이를 위해 설한다.'

항하의 모래 수와 같은 많은 몸으로 보시한다는 것은 보시를 극대화시킨 표현으로 세상에서는 더 할 수 없이 지극한 보시를 일컫는 말이다. 열과 성을 다하여 재물이나 몸과 마음까지 다 바쳐 헌신하는 보시는 이루 말할 수 없이 그 공덕이 클 것이다. 그러나 그 공덕은 과보를 기대하고 자신의 미래의 삶을 위한 복덕을 애착하는 행위이다.

그런데 금강경이 단지 마음에 거슬리지 않아 이를 믿을 뿐인데도 그 공덕이 몸을 한량없이 보시한 지극한 공덕보다 더 뛰어나다 하였다. 게다가 금강경을 베껴 쓰고 지니고 읽고 외우면서 이를 남에게 설명해 준다면 헤아릴 수 없는 공덕을 이루는 것이라 하였다.

그 이유는 금강경을 믿음으로 읽고 외우는 것에 열반을 이루겠다는 소망이 담겨 있다. 열반은 미래의 삶을 의미하는 것이 아니고 욕계, 색계, 무색계 삼계를 초월하는 일이다. 따라서 삼계에서 받는 공덕이 아무리 크다 하더라도 열반에 이르는 것과는 비교할 수 없다. 보시 가운데 법 보시가 가장 공덕이 크다는 것은 법 보시가 그 사람이 열반에 이르고자 하는 밑거름이 되기 때문이다.

'만약 어떤 사람이 이 경을 받아 지니고 읽고 외우며 널리 많은 사람을 위해 설해 준다면 여래는 이 사람이 헤아릴 수 없고 말할 수 없으며 한없고 상상할 수 없는 공덕을 성취할 것임을 다 알고 다 본다. 이와 같은 사람들은 여래의 가장 높고 바른 깨달음을 감당하게 될 것이다.'

금강경을 수지하고 독경하는 선남자 선여인이 사람들에게 이 경의 사구게 등의 법보시를 하면 헤아릴 수 없는 공덕을 이룰 것임을 여래는 알고 있다 하였다. 이와 같은 사람은 미래에 위 없는 최상의 바른 깨달음, 즉 아뇩다라삼먁삼보리의 깨달음을 얻게 될 것이라 하였다.

삼먁삼보리의 깨달음을 이루는 쿤달리니는 어떻게 각성할 수 있었는가. 수많은 수행자들 가운데서도 극히 선택되어 쿤달리니가 각성되는 것이라고 힌두교의 경전들은 말하고 있다. 그나마 한 세기에 한둘이 나올까 말까 한다고 전한다.

고행(苦行)하다 특별히 선택되어 쿤달리니를 각성한다고 모두 성자(聖者)가 될 수 있는 것도 아니다. 각성하면 후유증이 심각하여 현대의 의학으로도 무슨 병인지 명확하지 않아 진료조차 할 수 없는데다 그 고통이 심각할 정도이다. 게다가 각성한 다음 어떤 방법으로 수행해야 하는지조차 전혀 근거가 없어 알지 못하였다.

현재의 힌두 성자(聖者)들은 모두 쿤달리니의 각성에 대해 두려움을 느끼고 있을 정도이다. 비록 쿤달리니가 석가모니와 같은 성자들의 모태(母胎)임을 인식은 하지만 각성하면 그 이후의 대책을 전혀 알지 못하기 때문이다.

실상이 이와 같으므로 쿤달리니는 힌두교에서뿐만 아니라 다른 종교에서도 그 가치를 인정받지 못하고 있다. 어쨌든 수행과 법 보시 등을 지극히하면 쿤달리니를 각성하게 되고 아뇩다라삼먁삼보리의 깨달음을 얻게 될 것이라 하였다.

'왜냐하면 수보리여! 소승법을 좋아하는 자가 자아가 있다는 견해, 개아가 있다는 견해, 중생이 있다는 견해, 수자가 있다는 견해에 집착한다면 이 경을 듣고 받아 읽고 외우며 많은 사람을 위해 설명해 주지 못하기 때문이다.'

원문에는 소법자(小法者)라 하여 소승이라 번역하고 있음을 볼 수 있다. 오가해(五家解)의 종경(宗鏡)스님이 소승과 대승을 구분한 것을 보자.

'소승은 부처님의 말씀을 듣고 비판 없이 그대로 실천해 나가는 성문·연각사상을 바탕으로 하여 아라한이 되는 것을 목적으로 하므로 자각적(自覺的)'이라 하고 '대승은 보살사상을 기초로 하여 부처되는 것을 목적으로 하므로 타각적(他覺的)이다.'

그리고 '소승은 업보윤회의 고통을 벗고자 자기 일신의 완성만을 위하여 노력하므로 전문적 출가불교가 중심이 되고, 대승은 성불의 원행을 달성하기 위하여 스스로 악취(惡趣)에 나아가 중생을 구제하고 사회를 정화하므로 자율적이며 이타적이고 대중적'이라고 썼다.

소승은 '나'라는 상 등 작은 것에 집착해서 이 경을 읽고 외워서 다른 사람을 위해 그 뜻을 일러주지 못한다고 하였는데 소승이 작은 과보에 만족하고 더 이상 발심을 하지 않는다는 대승의 견해를 피력한 내용인 듯하다.

'나'를 의식하는 사상(四相)들이 작용하고 있다면 아직 공부가 성숙해지지 않았으므로 다른 사람에게 금강경을 설명해 주기에는 역부족으로 생각할 수 있다. 그렇다면 대승이든 소승이든 이 경지에 가지 않은 수행자는 금강경을 설하기에는 부족하다 하겠다. 그런데 사상의 작용이 일어나지 않는 수행자만이 다른 사람을 위해 이 경을 설명할 수 있다면 어떤 일이 일어날까.

한마디로 이 경을 설해 줄 사람이 몇 명이나 될지 의문이다. 즉 사상의 견해에 집착하지 않는 사람이라면 바로 부처를 말하기 때문이다. 그야말로 경의 뜻을 바로 알고 설법을 하면 좋겠지만 현실에서는 불가능에 가까운 일이다.

부처란 흔치 않은 존재이며 2천여 년이 지나도록 석가모니 외의 다른 부처는 흔적이 보이지 않는다. 따라서 사람들이 반야경을 접할 수 있고 공부할 수 있는 것은 이 경을 읽고 외워 널리 사람들에게 설해 주는 또 다른 사람들의 탐구심과 공덕의 덕으로 새삼 고마움을 느낀다.

'이 경을 받아 지니고 읽고 외워라'고 여러 차례 강조하고 있다. 사람들이 배워서 이해하고 가르치면 될 텐데, 왜 기계처럼 수지독경(受持讀經)을 강조하고 장려해야 하는가. 그것은 사람들이 보고 읽고 외워도 이해가 불가능하기 때문이다.

신의 세계에 대한 가르침이라면 의식을 고양시키거나 조절해서, 여러 방법으로 소통이 가능할 수 있다. 즉 삼계(三界)에서의 문제라면 의식을 바탕으로 하는 세계이므로 어렵다고 하지만 의식으로 유추하여 해결할 수 있다.

부처의 세계는 무념, 무상, 무주인 의식을 초월한 세계이기에 중생들의 의식구조로는 배우고 이해하는 데도 한계가 있다. 반야경을 이해할 수 없다고 하지만 수지독경을 하다 보면 친근해지고 익숙해져서 사람들에게 전달할 수는 있다.

석가세존 이후 이천오백 년이 지나도록 금강경이 오늘까지 세상에 전해지는 것은 바로 이 '수지독경'의 강조가 그 이유인 듯하다. 이해는 안 되지만 많은 수행자들이 끊임없이 수행을 하다 보면 아주 희귀하나 쿤달리니를 각성하는 경우가 있을 수 있다.

사람이 아무리 노력하여도 오감을 넘어선다는 것은 불가능하다. 신을 추구한다면 오감을 넘어서지 않아도 가능하다. 그러나 진아를 추구한다면 오감을 훌쩍 넘어서야 하는 것이 기본이다.
　쿤달리니야말로 수행자를 어렵지 않게 오감의 한계를 초월하며, 무아의 경지를 지나 진아의 경지까지 친절하게 안내해 준다.

16. 업장을 맑게 하는 공덕(能淨業障分)

"또 수보리여! 이 경을 받아 지니고 읽고 외우는 선남자 선여인이 남에게 천대와 멸시를 당한다면 이 사람이 전생의 죄업으로는 악도에 떨어져야 마땅하겠지만, 금생에 남에게 업신여김을 받았기 때문에 전생의 죄업이 소멸되고 반드시 최상의 바른 깨달음을 얻게 될 것이다.

수보리여! 내가 되돌아보니 연등부처님을 만나기 이전 과거 한량없는 아승기겁 동안 팔백사천만억 나유타의 여러 부처님을 만나 모두 공양하고 받들어 섬기며 그냥 지나친 적이 없었다.

만일 어떤 사람이 말세에 정법이 쇠퇴할 때 이 경을 잘 받아 지니고 읽고 외워서 얻은 공덕에 비하면, 내가 여러 부처님께 공양한 공덕은 백에 하나에도 미치지 못한다. 또 천에 하나, 만에 하나, 억에 하나에도 미치지 못하며, 더 나아가서 어떤 셈이나 비유로도 미치지 못한다.

수보리여! 선남자 선여인이 말세에 정법이 쇠퇴할 때 이 경을 받아 지니고 읽고 외우는 이가 있다면 그가 얻은 공덕을 내가 자세히 말한다면, 아마도 이 말을 듣는 이는 마음이 어지러워져서 의심하고 믿지 않을 것이다. 수보리여! 반드시 알라. 이 경은 뜻이 불가사의하여 그 과보도 상상할 수도 없음을 알아야 한다."

　復次須菩提善男子善女人受持讀誦此經若爲人輕賤是人先世罪業應墮惡道以今世人輕賤故先世罪業則爲消滅當得阿耨多羅三藐三菩提須菩提我念過去無量阿僧祇劫於燃燈佛前得值八百四千萬億那由他諸佛悉皆供養承事無空過者若復有人於後末世能受持讀誦此經所得功德於我所供養諸佛功德百分不及一千萬億分乃至算數譬喩所不能及須菩提若善男子善女人於後末世有受持讀誦此經所得功德我若具說者或有人聞心則狂亂狐疑不信須菩提當知是經義不可思議果報亦不可思議

　아승기겁(阿僧祇劫) 어떤 시간의 단위로도 계산할 수 없는 무한히 긴 시간을 말한다. 시간을 영겁(永劫)이라 하고 조재영겁(兆載永劫)이라고도 한다. 조도 재도 지극히 많은 수의 이름이다.
　나유타(那由他) 인도의 수량 단위. 극히 큰 수로 천만(千萬), 또는 천억(千億)에 상당하다고 한다.

　'또 수보리여! 이 경을 받아 지니고 읽고 외우는 선남자 선여인이 남에게 천대와 멸시를 당한다면 이 사람이 전생의 죄업으로는 악도에 떨어져야 마땅하겠지만, 금생에 남에게서 업신여김을 받았기 때문에 전생의 죄업이 소멸되고 반드시 최상의 바른 깨달음을 얻게 될 것이다.'

전생에 지은 업장이 무거워 천대(賤待)를 받고 멸시(蔑視)를 당하며 악도에 떨어지는 것은 인과응보(因果應報)법칙의 당연한 귀결이다. 그런데 전생에 지은 죄업을 뉘우치고 이 경을 일심으로 믿고 받아 지니고 읽고 외운다면 금생에서는 번뇌가 엷어지며 분별하는 마음이 없어져 업장이 소멸하게 된다.

 더구나 이 경의 사구게나마 다른 사람에게 전하게 된다면 아뇩다라삼먁삼보리의 바른 깨달음을 얻게 될 것이라 하였다. 경전을 받아 지니고 읽고 외우면서[受持讀誦] 고행을 하고 명상을 게을리하지 않으면 쿤달리니를 각성하여 최상의 깨달음을 얻게 될 것이라고 이 경은 말한다.

 쿤달리니는 성인의 모태(母胎)라 하므로 지극한 수행자는 각성되는 것으로 알려져 있다. 석가세존도 쿤달리니의 혜택을 받아 6년의 짧은 기간에 부처를 이루게 되었다.

'수보리여! 내가 되돌아보니 연등부처님을 만나기 이전 과거 한량없는 아승기겁 동안 팔백사천만억 나유타의 여러 부처님을 만나 모두 공양하고 받들어 섬기며 그냥 지나친 적이 없었다. 만일 어떤 사람이 말세에 정법이 쇠퇴할 때 이 경을 잘 받아 지니고 읽고 외워서 얻은 공덕에 비하면 내가 여러 부처님께 공양한 공덕은 백에 하나에도 미치지 못한다. 또 천에 하나, 만에 하나, 억에 하나에도 미치지 못하며 더 나아가서 어떤 셈이나 비유로도 미치지 못한다.'

 부처님은 연등부처님을 만나기 전에도 윤회할 때마다 세

상을 주재하는 부처님들을 만나서 항상 공양하고 받들어 섬겼다. 연등부처님을 만나서도 변함없이 받들고 섬겼다고 하였다. 그러나 어떤 사람이 정법이 요즘과 같이 쇠락할 때, 즉 불멸 후 이천오백 년이 지나 자기주장만 옳다고 끊임없이 다툼이나 벌이는 투쟁견고(鬪諍堅固)의 시대에 이 경을 믿고 지니고 읽고 외운다면 그 공덕은 더욱 한량없이 크다고 하였다.

그 큰 공덕은 세존께서 여러 부처님께 공양한 공덕보다 비교할 수 없이 더 크다고 하였다. 그 말씀은 부처님들께 공양한 공덕은 보시로 세상에서의 공덕이지만 금강경을 공부하여 얻은 공덕은 열반을 증득하기 위한 노력이기 때문에 그 공덕 차이는 어떤 셈이나 비유로도 미치지 못한다 하였다.

'수보리여! 선남자 선여인이 말세에 정법이 쇠퇴할 때 이 경을 받아 지니고 읽고 외우는 이가 있다면 그가 얻은 공덕을 내가 자세히 말한다면 아마도 이 말을 듣는 이는 마음이 어지러워져서 의심하고 믿지 않을 것이다. 수보리여! 반드시 알라. 이 경은 뜻이 불가사의하여 그 과보도 상상할 수도 없음을 알아야 한다.

정법(正法)이란 교법(敎法)과 수행(修行), 공부한 결과[證果] 등 셋을 다 갖추어 불법이 가장 바르게 성한 시기의 법을 말하는데 이 법이 쇠퇴하여 싸움을 일삼는 투쟁견고의 시대에는 사람들의 생각에 불법에 대한 미더움이 있을 리가 없다.

이런 어지러운 세태에도 이 경을 믿고 지성으로 공부한다면 그 과보도 상상할 수 없을 정도여서 최상의 깨달음을 얻을 것이라고 이 경을 빌어 수기하신 것과 같다.

17. 구경에는 '나'가 없다(究竟無我分)

그때 수보리가 부처님께 여쭈었습니다. "세존이시여! 최상의 바른 깨달음에 마음을 일으킨 선남자 선여인은 어떻게 살아야 하며 어떻게 그 마음을 다스려야 합니까."

부처님께서 수보리에게 말씀하셨습니다. "최상의 바른 깨달음을 얻고자 하는 선남자 선여인은 반드시 이와 같은 마음을 내어야 한다. '나는 일체 중생을 모두 열반에 들게 하리라. 일체 중생을 열반에 다 들게 하였지만 실제로는 한 중생도 제도를 얻은 일은 없다'고 하라.

왜냐하면 수보리여! 보살에게 자아가 있다는 상, 개아가 있다는 상, 중생이 있다는 상, 수자가 있다는 상이 있다면 이는 곧 보살이 아니기 때문이다. 그것은 수보리여! 실로 어떤 고정된 법이 있어서 최상의 바른 깨달음에 대한 마음을 낸 것이 아닌 까닭이다.

수보리여! 그대는 어떻게 생각하는가. 여래가 연등부처님 처소에서 어떤 고정된 법이 있어서 최상의 바른 깨달음을 얻었는가?"

"아닙니다. 세존이시여! 제가 부처님께서 말씀하신 뜻을 이해하기에는 부처님께서 연등부처님 처소에서 어떤 고정된 법이 있어서 최상의 바른 깨달음을 얻은 것이 아닙니다."

부처님께서 말씀하셨습니다. "그렇다. 그렇다. 수보리여! 어떤 고정된 법이 있어서 여래가 최상의 바른 깨달음을 얻은 것이 아니다. 수보리여! 여래가 어떤 고정된 법이 있어서 최상의 바른 깨달음을 얻은 것이라면 연등부처님께서 결코 나에게 '그대는 내세에 석가모니라는 이름으로 부처가 될 것이다'라고 수기하시지 않았을 것이다.

실로 어떤 고정된 법이 있어서 최상의 바른 깨달음을 얻는 것이 아니다. 그래서 연등부처님께서 나에게 '그대는 내세에는 반드시 석가모니라는 이름의 부처가 될 것이다'라고 수기하셨던 것이다. 왜냐하면 여래는 일체법이 여여하다는 뜻이기 때문이다.

어떤 사람이 여래가 최상의 바른 깨달음을 얻었다고 말한다면, 수보리여! 여래가 최상의 바른 깨달음을 얻은 법이 실제로 없다. 수보리여! 여래가 얻은 최상의 바른 깨달음에는 실다움도 없고 헛됨도 없다. 그러므로 여래는 '일체법이 모두 불법이다'라고 설한다.

수보리여! 일체법이라 말한 것은 일체법이 아닌 까닭에 그 이름이 일체법이라 말한다. 수보리여! 예컨대 사람의 몸이 매우 큰 것과 같다."

수보리가 말하였습니다. "세존이시여! 여래께서 말씀하신 사람의 몸이 매우 크다는 것은 큰 몸이 아니고 그 이름이 큰 몸일 뿐입니다.."

"수보리여! 보살도 역시 그러하다. '나는 반드시 한량없는 중생을 모두 제도하리'라고 말한다면 보살이라 할 수 없다. 왜냐하면 수보리여! 실로 고정된 법이 있어서 이를 보살이라 하는 것이 아니기 때문이다. 그러므로 여래는 일체법에 자아도 없고, 개아도 없고, 중생도 없고, 수자도 없다고 설한 것이다.

수보리여! 보살이 '나는 반드시 불국토를 장엄하리'라고 말한다면 이는 보살이라 할 수 없다. 왜냐하면 여래는 불국토를 장엄한다는 것은 곧 장엄하는 것이 아니고 그 이름이 장엄일 뿐이기 때문이다. 수보리여! 보살이 무아의 이치에 통달한다면 여래는 이런 사람을 진정한 보살이라 부른다."

爾時須菩提白佛言世尊善男子善女人發阿耨多羅三藐三菩提心云何應住云何降伏其心佛告須菩提善男子善女人發阿耨多羅三藐三菩提者當生如是心我應滅度一切眾生滅度一切眾生已而無有一眾生實滅度者何以故須菩提若菩薩有我相人相眾生相壽者相則非菩薩所以者何須菩提實無有法發阿耨多羅三藐三菩提者須菩提於意云何如來於然燈佛所有法得阿耨多羅三藐三菩提不不也世尊如我解佛所說義佛於然燈佛所無有法得阿耨多羅三藐三菩提佛言如是如是須菩提實無有法如來得阿耨多羅三藐三菩提須菩提若有法如來得阿耨多羅三藐三菩提者然燈佛則不與我受記汝於來世當得作佛號釋迦牟尼以實無有法得阿耨多羅三藐三菩提是故然燈佛與我受記作是言汝於來世當得作佛號釋迦牟尼何以故如來者卽諸法如義若有人言如來得阿耨多羅三藐三菩提須菩提實無有法佛得阿耨多羅三藐三菩提須菩提如來所得阿耨多羅三藐三菩提於是中無實無虛是故如來說一切法皆是佛法須菩提所言

구경에는 '나'가 없다(究竟無我分) 125

一切法者卽非一切法是故名一切法須菩提譬如人身長大須菩提言世尊如來說人身長大則爲非大身是名大身須菩提菩薩亦如是若作是言我當滅度無量衆生則不名菩薩何以故須菩提實無有法名爲菩薩是故佛說一切法無我無人無衆生無壽者須菩提若菩薩作是言我當莊嚴佛土是不名菩薩何以故如來說莊嚴佛土者卽非莊嚴是名莊嚴須菩提若菩薩通達無我法者如來說名眞是菩薩

불토(佛土) 부처님이 주재(住在)하고 지배하고 교화하는 국토. 불국(佛國)·불계(佛界)·불찰(佛刹)이라고도 한다. 여기서는 불국토라고 하였다. 불토(佛土)라 함은 석존이 탄생하신 사바세계, 곧 이 세상을 의미한다.

장엄(莊嚴) 아름다운 것으로 몸이나 주처(住處), 국토를 보기 좋게 꾸미는 것. 지혜를 닦아서 그 몸을 꾸미는 지혜장엄과 보시·지계의 덕을 닦아서 그 몸을 꾸미는 복덕장엄이 있다. 계(戒)·삼매(三昧)·지혜(智慧)·다라니 등 4종의 장엄이 있다.

무아(無我) 아(我)는 영원히 변치 않고, 독립적으로 자존하며, 주인공으로서 소유하는 지배적 능력이 있는 주체로 생각되는 영혼적, 또는 본체적 실체를 의미하는데 이를 부정하는 사상으로 불교의 근본 교리인 무상(無常), 무아(無我), 열반(涅槃)의 삼법인(三法印)의 하나인 무아인(無我印)에 해당한다. 모든 물체에는 아(我)가 없고 아(我)가 아니라고 설하는 것을 제법무아(諸法無我)라 하며 무아(無我)를 관하는 것을 무아관(無我觀)이라 한다. 원시불교에서 '오온(五蘊)의 하나하나가 고(苦)이므로 비아(非我)이다'라는 교설, 또 '무상(無常)이므로 무아(無我)이다'라는 교설[雜阿含經卷三]이 있다. 이것은 아(我)가 아닌 것을 아(我), 곧 '나로 간주해서는 안 된다는 것으로 특히 신체를 나의 것이나 '나라고 생각해서는 안 된다는 뜻. '나라는 관념, '나의 것이라는 관념을 배제하는 사고방식, '나는 존재로서 존재하지 않는다고 하는 사고방식이다.

일체법(一切法) 일체제법(一切諸法), 만법(萬法)이라고도 한다. 모든 것, 일체(一切)의 사물, 모든 현상, 정신적 물질적인 것, 일체 현상적 존재를 말함. 원래의 뜻은 연기로 된 모든 존재 곧 유위법(有爲法)을 가리켰으나 뒤에 이에 대립되는 무위법(無爲法)이 추가되었음.
불법(佛法) 부처께서 설하신 교(敎)를 불법이라 한다. 부처가 중생을 가르쳐 인도하는 교법(敎法), 곧 출세간의 법을 불법이라 한다.
삼법인(三法印) 불교의 근본 교의(敎義)를 세 가지로 나타내는 것. 인(印)은 일정 불변하는 진리라는 표지.
 1) 諸行無常印 --- 일체 물심(物心)의 현상은 다 생멸변화하여 고정불변하는 것은 하나도 없다.
 2) 諸法無我印 --- 만유제법은 인연에 의해 생긴 것이므로 참다운 자아(自我)의 실체가 없다.
 3) 涅槃寂靜印 --- 생사의 바다를 윤회하는 고통에서 벗어난 피안(彼岸)의 열반적정의 세계.
여여(如如) 진여(眞如)를 가리킨다. 만유제법의 이(理)는 동일 평등하므로 여(如), 일법계(一法界) 만차(萬差)의 제법을 갖추어 어느 것이든 체(體)로 말하면 여(如), 이 두 가지 여를 여여라 한다.
진여(眞如) 사물의 있는 그대로의 모습. 사물의 본체로서 진실로 영원 불변한 것이란 의미로 진여라 이름한다. 여여(如如), 여실(如實)로도 부른다.

그때 수보리가 부처님께 여쭈었습니다. '세존이시여! 최상의 바른 깨달음에 마음을 일으킨 선남자 선여인은 어떻게 살아야 하며 어떻게 그 마음을 다스려야 합니까.' 부처님께서 수보리에게 말씀하셨습니다. '최상의 바른 깨달음의 마음을 일으킨 선남자 선여인은 이와 같은 마음을 내어야 한다. '나는 일체 중생을 모두 열반(涅槃)에 들게 하리라. 일체 중생을 열반에 다 들게 하였지만 실제로는 한 중생도 제도를 얻은 일은 없다 하라. 왜냐하면 수보리여! 보살에게 자아가 있다는 상, 개아가 있다는 상, 중생이 있다는 상, 수자가 있다는 상이 있다면 이는 곧 보살이 아니기 때문이다. 그것은 수보리여! 실로 어떤 고정된 법이 있어서 최상의 바른 깨달음에 대한 마음을 낸 것이 아닌 까닭이다.'

최상의 바른 깨달음, 즉 아뇩다라삼먁삼보리를 얻기 위해서는 대승은 우선 중생을 제도하겠다는 자비(慈悲) 행을 하면서도 하는 바가 없는 무위(無爲)의 행을 강조하고 있다. 일체 중생을 열반에 들게 하리라는 자비를 나타낸 것이고 중생들을 열반에 들게 하였지만 아무도 열반을 얻은 중생은 없다는 것은 무위행을 가리킨 것이다. 보살이라면 무위행을 근본으로 하고 자비심을 가져야 한다는 말씀이다. 자아가 있다는 상, 즉 '나'를 의식하고 분별하며 내가 무엇을 하고, 했다는 생각이 있다면 아직은 중생이다.

보살과 부처의 깨달음인 아뇩다라삼먁삼보리, 즉 최상의 바른 깨달음에 나아가는 방법이 실제로 없다는 것은 무슨 까닭인가. 왜 일정한 방법이 없다고 하였을까. 중생들이 명상을 하는 방법과 보살과 부처가 명상하는 방법에는 근본적인 차이가 없다. 명상을 시작해서 인간의 한계인 오감을 초월할 때까지는 모두가 번뇌와 싸울 뿐이다. 다만 보살마하살 이상의 경지에 들 수 있는 사람은 번뇌가 집중으로 바뀌게 된다.

보살과 부처가 될 업연이 있는 사람은 집중에서 더 나아가 생각이 서서히 끊어지면서 오매일여(寤寐一如)나 숙면일여(熟眠一如), 소소영령(昭昭靈靈), 승묘경계(勝妙境界), 미세망념(微細妄念)이라고 표현되는 갖가지 형태의 명상체험을 하게 된다.

이 현상들은 이무상정(二無想定)의 경지에서 수행자가 그 느낌을 표현하는 것으로, 이 의미에 대해 최근 불교학자들 사이에서 언성을 높이고 있는 실정이다. 원오나 그 제자인 대혜스님의 예까지 들어가며 중국의 조사들도 오매일여 등에 별다른 중요성을 두지 않음을 볼 때 이 현상들이 깨달음에 도움이 되지 않는다고 말하는 경우를 보았다.

이 현상을 부정하는 조사들은 명상 수준이 이무상정 정도에도 미치지 못하였으므로 오감의 한계마저 다다르지 못한 셈이다. 결국 중생들의 수준을 넘어서지 못한 상황이어서 오매일여 등 특이한 현상들을 전혀 이해할 수는 없는 것이 당연하다. 조사들은 쿤달리니를 각성한 것이 아니고 맨몸으로 수행하여 겨우 기상천외한 개그 정도의 선문답(禪問答)이나 하는 수준에서 만족하는 것으로 보인다.

사람들이 번뇌를 벗어나는 시작이 생각이 끊어지는 무상정(無相定)이나 멸진정의 경지인데 이 시점부터 특이한 체험 또는 이상야릇한 감각에 사로잡힌다. 이 현상들을 체험하는 사람들의 표현이 오매일여, 숙면일여, 소소영령, 승묘 경계 등이다.

어떻게 번뇌가 사라지고 의식이 초의식으로 바뀌는가. 쿤달리니가 각성되고 완성되면 이무상정의 경지에 이른다. 이 경지가 초의식을 터득하는 자리이다. 그렇다면 아뇩다라삼먁삼보리로 나아가는 법이 실제로 있는가. 쿤달리니가 완성되는 시점에서 무상정에 들 수 있고 전의하면 무공용행(無功用行)을 통해 초월, 무아, 진아 등의 여러 과정들을 자증

(自證)하게 되는데 이 공부법이 아뇩다라삼먁삼보리 또는 반야바라밀의 최상의 바른 깨달음을 얻는 방법이다.

실로 어떤 고정된 깨달음의 방법이 있어서 최상의 바른 깨달음에 대한 마음을 낸 것이 아닌 까닭이란 쿤달리니가 각성되는 일만 해도 너무 어렵고 희소한데다 완성한다는 개념이 있지 않았으므로 현재까지는 아뇩다라삼먁삼보리의 공부하는 방법이 있다고 할 수 없었다. 그래서 수기를 받아야 최상의 깨달음을 얻는 것으로 인식되어 있었다.

어떤 일을 처음 경험할 때는 방법이 없지만 이를 본받아 그 일을 이루면 방법이 생긴다. 쿤달리니 각성과 완성을 이루는 방법이 만들어져 깨달음의 방법이 새롭게 생겼지만 전의 이상의 경지에 이른 보살이나 부처는 이 방법의 유무에 얽매이지 않는다.

능가경은 삼해탈을 공(空), 무상(無相), 무원(無願)이라 하였다. 6조 혜능은 공을 생각이 일어나지 않는다 해서 무념으로, 원하는 것이 없어 집착하지 않으므로 무원을 무주로 의미를 바꿔 부르지만 생각이 일어나지 않고[無念], 분별함이 없고[無相] 그리고 집착하지 않는[無住] 이 공부법을 실제로 배울 수 있는 방법이 없다.

쿤달리니가 완성되더라도 오감을 초월하는 어려움만 극복하면 일단 전의가 된 다음은 저절로 이뤄지기 때문에 고정되고 구체적인 법이란 있기도 하지만 있다고 할 수도 없다. 석가세존도 전의 이후의 공부는 스승 없이 혼자 행하였으므로 고정된 법이 없다 하였다.

'수보리여! 그대 생각은 어떠한가. 여래가 연등부처님 처소에서 어떤 고정된 법이 있어서 최상의 바른 깨달음을 얻었는가?' '아닙니다. 세존이시여! 제가 부처님께서 말씀하신 뜻을 이해하기로는 부처님께서 연등부처님 처소에서 어떤 고정된 법이 있어서 최상의 바른 깨달음을 얻은 것이 아닙니다.'

세존께서는 연등부처님 처소에서 가장 높고 바른 깨달음인 아뇩다라삼먁삼보리의 깨달음을 얻었을 뿐 어떤 확실한 방법이 있어서 그 방법대로 행하여 이 깨달음을 얻은 것이 아니라 하였다. 많은 수행자들 중 쿤달리니를 각성하는 경우는 한 세기에 두세 명 정도에 불과했고 사하스라라 차크라까지 상승하여 완성한 경우는 발견하지 못하였다는 요가서의 기록으로 보아 쿤달리니 각성방법도 있을 수 없다.

세존께서는 자신이 어떻게 쿤달리니를 각성하였는지, 또한 쿤달리니 완성 이후 어떻게 공부를 행하였는지 충분히 알지 못하였을 것이다. 공부가 진행되면서 생각이 일어나지 않으므로 저절로 나를 의식하지 않게 되는데 그래서 '나'를 의식한다면 분별하므로 삼먁삼보리를 얻었다고 생각했겠지만 의식하지 않게 되었으므로 깨달음이라고 할 어떤 법이 있다고 할 수 없었을 것이다.

따라서 연등부처님의 처소에서 세존께서는 아뇩다라삼먁삼보리의 깨달음을 이끌어줄 쿤달리니 각성 방법이 없었지만 희소하게 각성되고 완성되었으므로 최상의 바른 깨달음을 성취하신 것이다.

부처님께서 말씀하셨습니다. '그렇다. 그렇다. 수보리여! 어떤 고정된 법이 있어서 여래가 최상의 바른 깨달음을 얻은 것이 아니다. 수보리여! 여래가 어떤 고정된 법이 있어서 최상의 바른 깨달음을 얻은 것이라면 연등부처님께서 나에게 '그대는 내세에 석가모니라는 이름으로 부처가 될 것이다'라고 수기하시지 않았을 것이다.'

가장 높고 바른 깨달음이라 하지만 아뇩다라삼먁삼보리는 깨달음의 이름이고 깨닫는 법이며 관념이다. 수행자가 가장 높고 바른 깨달음을 얻었다고 말했다면, 연등부처님은 분별하고 집착하는 수행자를 아직은 중생을 면하지 못하였다고 생각했을 것이다. 따라서 연등 부처님은 미래에 부처가 될 것이라고 수기하지 않았을 것이다. 연등부처님께서는 무념과 무상, 무주가 이뤄지는 것을 보고서야 미래에 부처가 될 것이라고 수기하셨을 것이다.

'실로 어떤 고정된 법이 있어서 최상의 바른 깨달음을 얻는 것이 아니다. 그래서 연등부처님께서 나에게 '그대는 내세에는 반드시 석가모니라는 이름의 부처가 될 것이다.'라고 수기하셨던 것이다. 왜냐하면 여래는 일체법이 여여하다는 뜻이기 때문이다. 어떤 사람이 여래가 최상의 바른 깨달음을 얻었다고 말한다면, 수보리여! 여래가 최상의 바른 깨달음을 얻은 법이 실제로 없다. 수보리여! 여래가 얻은 최상의 바른 깨달음에는 실다움도 없고 헛됨도 없다. 그러므로 여래는 일체법

이 모두 불법이다라고 설한다. 수보리여! 일체법이라 말한 것
은 일체법이 아닌 까닭에 그 이름이 일체법이라 말한다.'

  법이란 인위적으로 만들어야 법인데 아뇩다라삼먁삼보리
를 자연적으로 터득하였으므로 어떤 방법이나 법이라 명명
할 수 없었는지도 모른다. 터득하는 법이 있었다 하더라도
전의(轉依) 이상의 경지에 서면 생각이 일어나지 않고 분별
하지 않으며 집착이 없으므로 법이란 개념을 긍정하거나 부
정할 수는 있다. 그리고 아상 등 사상(四相)과 행위들을 역
시 분별하지 않아 최상의 바른 깨달음을 얻었다는 생각이
없었으므로 연등부처님으로부터 수기를 받게 되었다.
  일체법이란 모든 이치와 모양이 모두 동일하고 평등하며
영원히 변하지 않는다 하여 진여, 여여라 한다. 어떤 사람
이 여래가 최상의 바른 깨달음을 얻었다고 말한다면 최상의
깨달음이 어떤 형태를 가진 것을 의미하는 것이 아니고 관
념적인 어떤 의미를 얻었다는 것도 아니다. 이 깨달음은 참
으로 실다움도 없고 헛됨도 없다. 이처럼 일체법이 그 자체
로 다 동일하고 평등하며 영원불변하다는 의미로 진여라 하
고 여여하다고 한다. 그러나 일체법이 그처럼 진여, 여여하
다 하지만 관념일 뿐 그 이름과 모양, 생각이 본래 일어남
이 없다는 것을 명심해야 할 것이다.
  일체법은 모두 불법(佛法)이라 하였다. 불법이란 협의로는
부처께서 설하신 가르침을 말하지만 광의로는 부처님이 터
득한 연기(緣起)의 도리와 법계의 진리 등 출세간의 모든
법에 미치지 않는 것이 없다. 그래서 일체법이 모두 불법이

고 불법이 일체법이지만 이 이름들은 그 법을 부르는 명사일 뿐 법 자체는 아니다. 생각이 일어나지 않은 부처의 관점에서는 일체법이란 관념일 뿐 일체법이 아니므로 그 이름이 일체법이라 한다는 의미를 되새겨 보아야 할 것이다.

'수보리여! 예컨대 사람의 몸이 매우 큰 것과 같다.' 수보리가 말하였습니다. '세존이시여! 여래께서 말씀하신 사람의 몸이 매우 크다는 것은 큰 몸이 아니고 그 이름이 큰 몸일 뿐입니다.' '수보리여! 보살도 역시 그러하다. 나는 반드시 한량없는 중생을 모두 제도하리라 말한다면 보살이라 할 수 없다. 왜냐하면 수보리여! 실로 고정된 법이 있어서 이를 보살이라 하는 것이 아니기 때문이다. 그러므로 여래는 일체법에 자아도 없고 개아도 없고 중생도 없고 수자도 없다고 설한 것이다.'

사람의 몸이 매우 크다고 한다면 크다는 것이 무엇보다 크다는 형용사일 뿐 몸이 큰 것을 나타내는 것은 아니다. 상이나 관념의 범주에서 헤아리는 중생들의 분별심일 뿐이다. 보살은 상이나 관념에 사로잡혀 분별심을 낸다면 보살일 수 없다.

분별을 하지 않게 되면 '나'라고 생각했던 '나'는 존재하지 않는다는 것을 터득하게 된다. 즉 무상삼매에 다다르면 아뢰야식이 소멸하고 내가 없다는 무아(無我)를 증득하면서 아상, 인상, 중생상, 수자상과 일체법도 없다는 생각이 자리 잡게 된다.

'수보리여! 보살이 나는 반드시 불국토를 장엄하리라고 말한다면 이는 보살이라 할 수 없다. 왜냐하면 여래는 불국토를 장엄한다는 것은 곧 장엄하는 것이 아니고 그 이름이 장엄일 뿐이기 때문이다. 수보리여! 보살이 무아의 이치에 통달한다면 여래는 이런 사람을 진정한 보살이라 부른다.'

보살이 불국토를 장엄하겠다고 생각한다면 무엇을 하겠다는 유위(有爲)의 행이어서 보살이라 할 수 없다. 뿐만 아니라 이름과 관념에 휘둘려서는 보살이라 할 수 없다. 무아관(無我觀)을 하고 무위행(無爲行)을 하겠다고 의지로 수련하여 이치에 통달한다면 이는 아뇩다라삼먁삼보리의 공부 방법에 맞지 않다. 전의 이후의 공부는 저절로 터득하게 되어 있다. 따라서 전의가 이뤄지고 착실히 앉아 있으면 자연 무아의 경지에 들어 모든 이치에 통달하게 된다.

무아의 법에 통달한다면 여래는 이런 이를 진정한 보살이라 부른다고 하는데 무아의 법을 살펴보자. 우선 '나'를 의식하지 않고 일을 당해도 '나'를 내세우지 않아야 한다. 둘째 생각이 일어나지 않아 무슨 일에서도 분별을 일으키지 않아야 한다. 셋째 중생계의 모든 현상은 허무하고 꿈속에서 헤매는 것과 같다. 이런 상황에서 허우적대는 중생들을 불쌍히 여기고 수행하고자 하는 중생들을 저버리지 않는다. 넷째 세상에서 얻음과 집착에서 멀리 떠나야 한다. 이상 네 가지 무아의 법에 익숙해진다면 이런 사람을 진정한 보살 또는 각자라 부른다.

명상과정에서의 무아의 경지를 살펴보자. 전의 즉 돈오를 하게 되면 이 시점부터는 명상만 열심히 수행하면 저절로 터득하게 된다. 능가경에서도 이를 무공용행(無功用行)이라 하여 힘들이지 않아도 이뤄진다 하였는데 돈오가 이뤄지면 그 다음은 아뢰야식의 표출, 즉 새벽별을 증오하게 되고 마지막으로 무상삼매에 들게 되는데 이 경지가 무아의 자리이다. 이곳이 번뇌가 소멸하는 경지이며 공즉무색(空卽無色) 즉 진공(眞空)의 자리이다. 따라서 이 경지에 이른 보살이라면 진정한 보살이라 부른다고 하였다.

18. 분별없이 관찰함(一體同觀分)

"수보리여! 그대 생각은 어떠한가. 여래는 육안이 있는가?"
"그렇습니다. 세존이시여! 여래께서 육안이 있습니다."
"수보리여! 그대 생각은 어떠한가. 여래는 천안이 있는가?"
"그렇습니다. 세존이시여! 여래께서는 천안이 있습니다."
"수보리여! 그대 생각은 어떠한가. 여래는 혜안이 있는가?"
"그렇습니다. 세존이시여! 여래께서는 혜안이 있습니다."
"수보리여! 그대 생각은 어떠한가. 여래는 법안이 있는가?"
"그렇습니다. 세존이시여! 여래께서는 법안이 있습니다."
"수보리여! 그대 생각은 어떠한가. 여래는 불안이 있는가?"
"그렇습니다. 세존이시여! 여래께서는 불안이 있습니다."
"수보리여! 그대 생각은 어떠한가. 여래는 항하의 모래에 대해서 설하였는가?"
"그렇습니다. 세존이시여! 여래께서 이 모래에 대해 설하셨습니다."
"수보리여! 그대 생각은 어떠한가. 한 항하의 모래와 같이 이런 모래만큼의 항하가 있고 이 여러 항하의 모래 수만큼 세계가 있다면 진정 많다고 하겠는가?"

"대단히 많습니다. 세존이시여!"

부처님께서 수보리에게 말씀하셨습니다.

"그 국토에 있는 모든 중생들의 여러 가지 마음들을 여래는 다 안다. 왜냐하면 여래는 여래가 말하는 모든 마음이 다 마음이 아니라 그 이름이 마음이라 말하기 때문이다. 왜냐하면 수보리여! 과거의 마음도 얻을 수 없고 현재의 마음도 얻을 수 없고 미래의 마음도 얻을 수 없는 까닭이다."

須菩提於意云何如來有肉眼不如是世尊如來有肉眼須菩提於意云何如來有天眼不如是世尊如來有天眼須菩提於意云何如來有慧眼不如是世尊如來有慧眼須菩提於意云何如來有法眼不如是世尊如來有法眼須菩提於意云何如來有佛眼不如是世尊如來有佛眼須菩提於意云何如恒河中所有沙佛說是沙不如是世尊如來說是沙須菩提於意云何如一恒河中所有沙有如是等恒河是諸恒河所有沙數佛世界如是寧爲多不甚多世尊佛告須菩提爾所國土中所有衆生若干種心如來悉知何以故如來說諸心皆爲非心是名爲心所以者何須菩提過去心不可得現在心不可得未來心不可得

육안(肉眼) 중생들인 사람들이 가진 눈.

천안(天眼) 색계의 천인들이 가진 신안(神眼). 또는 수행한 사람이 깊은 선정(禪定) 가운데서 얻기도 한다. 원근(遠近), 내외(內外), 주야(晝夜)를 불문하고 공간을 초월하여 볼 수 있는 능력. 아주 미세한 물질도 능히 보고 시간을 초월하여 내세에 관해서도 알 수 있는 힘.

혜안(慧眼) 우주의 진리를 밝게 보는 눈, 곧 만유의 모든 현상은 공(空)하다, 무상(無相)하다, 무작(無作)이다, 무생(無生)이다라고 보아 모든 집착을 여의고, 차별의 현상계를 보지 않는 지혜의 눈이다.

법안(法眼) 현상계의 온갖 사리를 분명하게 비추어 보는 지혜의 눈.
불안(佛眼) 각자(覺者·부처)의 눈을 말한다. 제법실상(諸法實相)을 비추는 눈.
오욕(五欲)과 칠정(七情) 색성향미촉의 오경(五境)에 집착해서 일으키는 다섯 가지와 인간이 가지고 있는 감정 일곱 가지. 희(喜)─즐거워하는 것, 노(怒)─노하는 것, 우(憂)─근심하는 것, 구(懼)─두려워하는 것, 애(愛)─사랑하는 것, 증(憎)─미워하는 것, 욕(慾)─소유하고 싶은 욕망.
오안(五眼) 다섯 가지 안력(眼力). 1)육안─육신이 소유하고 있는 눈 2)천안─天人이 소유하고 있는 눈 3)혜안─2승인의 눈 4)법안─보살이 일체의 중생을 제도하기 위해 일체 법문을 조견(照見)하는 눈 5)불안─이상 다섯 가지 안(眼)을 갖춘 부처의 눈.

'수보리여! 그대 생각은 어떠한가. 여래는 육안(肉眼)이 있는가?' '그렇습니다. 세존이시여! 여래께서 육안이 있습니다.' '수보리여! 그대 생각은 어떠한가. 여래는 천안(天眼)이 있는가?' '그렇습니다. 세존이시여! 여래께서는 천안이 있습니다.' '수보리여! 그대 생각은 어떠한가. 여래는 혜안(慧眼)이 있는가?' '그렇습니다. 세존이시여! 여래께서는 혜안이 있습니다.' '수보리여! 그대 생각은 어떠한가. 여래는 법안(法眼)이 있는가?' '그렇습니다. 여래께서는 법안이 있습니다.' '수보리여! 그대 생각은 어떠한가. 여래는 불안(佛眼)이 있는가?' '그렇습니다. 세존이시여! 여래께서는 불안이 있습니다.'

이를 다섯 가지 눈[五眼]이라 한다. 육안(肉眼)이란 중생들이 가진 육체의 눈을 말한다. 천안이란 천계의 신인들이 가진 눈으로 공간을 초월하여 볼 수 있는 눈[神眼]이다. 또 수행한 사람이 이를 얻어 신통을 부리는 경우도 있다.

불안은 부처의 눈으로 제법실상(諸法實相)을 비춘다 한다. 혜안과 법안은 수행할 때 수행 정도가 때에 이르면 이 눈들이 주어지면서 지혜를 갖추게 된다. 이 다섯 가지 눈들 중 육안은 사람의 육체적인 눈, 나머지 네 개의 눈은 영안(靈眼) 즉 마음의 눈을 말한다.

쿤달리니 수행자에게 적용할 경우를 살펴본다. 쿤달리니를 각성하였지만 마니푸라 차크라의 자리 즉 삼관(三關)의 하나인 태양신경총을 돌파하기 전까지는 육안 그대로이다.

태양신경총을 통과하여 아나하타 차크라에 오르면 천안(天眼)에 눈뜨기 시작한다. 쿤달리니가 아나하타 차크라 즉 심장부위에 이르면 여러 가지 영적 체험을 하게 된다. 쿤달리니 완성과 전의(轉依)할 때는 천인들과의 만남 등이 이루어지고 혜안이 눈을 뜨게 된다.

혜안은 전의에서부터 시작하여 공에 진입했음을 의미한다. 법안도 혜안과 더불어 발현하는 것으로 여겨진다. 마지막으로 불안(佛眼)은 제법 실상을 비추는 눈으로 무아를 증오(證悟)한 이후 얻어지는 눈으로 보인다.

'수보리여! 그대 생각은 어떠한가. 여래는 항하의 모래에 대해서 설하였는가?' '그렇습니다. 세존이시여! 여래께서 이 모래에 대해 설하셨습니다.' '수보리여! 그대 생각은 어떠한가. 한 항하의 모래와 같이 이런 모래만큼의 항하가 있고 이 여러 항하의 모래 수만큼 세계가 있다면 진정 많다고 하겠는가?' '대단히 많습니다. 세존이시여!'

항하와 같은 큰 강에 널려 있는 모래만 해도 엄청난 수량이다. 그런데 그 모래 숫자만큼의 항하가 있고 그 모든 항하들이 가지고 있는 모래 수만큼 세계가 있다면 그 숫자는 상상을 초월할 정도로 많다 할 것이다.
세계가 그렇게 많다면 그 세계에 살고 있는 중생들의 수 또한 얼마나 많을 것인가. 그 많은 중생들의 마음이 모두 각각 하나의 세계를 나타낸다.

부처님께서 수보리에게 말씀하셨습니다. '그 국토에 있는 모든 중생들의 여러 가지 마음들을 여래는 다 안다. 왜냐하면 여래는 여래가 말하는 모든 마음이 다 마음이 아니라 그 이름이 마음이라 말하기 때문이다. 왜냐하면 수보리여! 과거의 마음도 얻을 수 없고 현재의 마음도 얻을 수 없고 미래의 마음도 얻을 수 없는 까닭이다.'

부처님께서는 오안(五眼)을 가지고 각 눈을 분별없이 봄으로써 모든 중생들의 여러 가지 마음들을 모두 아신다고 하였다. 중생들의 마음은 모두 각각 다른 마음이지만 한결같이 오욕칠정에 오염된 마음이어서 휘둘리고 허황되고 허망한 마음들이다. 이런 마음들은 마음이라고 할 수 없지만 그 이름이 마음이라고 부르고 있어 마음이라 한다.
모든 마음이 망(妄)이고 진(眞)이 아니라면 어떤 것이 과거 심이고 또 현재 심일 수 있는가. 과거의 마음이란 헛된 생각이 잠시 지나갔으니 그나마 찾아도 찾을 수 없다. 현재의 마음도 무엇을 현재의 마음이라 하며 미래의 마음은 아직 미래가 오지 않았기 때문에 역시 얻을 수 없다. 이것이 중생들의 마음이다.

　참마음이란 보살의 마음인 일심(一心)과 부처의 마음인 적정(寂靜)이다. 보살의 마음은 생각이 끊어지는 마음이며 부처의 마음은 일어나지 않음이다. 이 마음들은 세상의 모든 것들이 한낱 신기루와 같고 물거품과 같은 것이어서 분별과 집착을 하지 않는다. 과거에도 현재에도 집착과 분별이 없고 하는 일이 없다[無爲]고 하여 연기법에도 벗어나 있는데 이런 마음을 참마음이라 한들 마음이랄 것이 있겠는가. 그래서 모든 마음이 다 마음이 아니라 그 이름이 그저 마음이라고 말하고 있을 뿐이다.

19. 법계를 다 교화하다(法界通化分)

"수보리여! 그대 생각은 어떠한가. 어떤 사람이 삼천대천세계에 칠보를 가득 채워 보시한다면 이 사람은 이 인연으로 얻는 복덕이 많겠는가?"

"그렇습니다. 세존이시여! 그 사람이 이 인연으로 매우 많은 복덕을 얻을 것입니다."

"수보리여! 만약 복덕이 실로 있는 것이라면 여래는 많은 복덕을 얻는다고 말하지 않았을 것이다. 본래 복덕이 없으므로 여래가 많은 복덕을 얻는다고 말한 것이다."

須菩提於意云何若有人滿三千大千世界七寶以用布施是人以是因緣得福多不如是世尊此人以是因緣得福甚多須菩提若福德有實如來不說得福德多以福德無故如來說得福德多

'수보리여! 그대 생각은 어떠한가. 어떤 사람이 삼천대천세계에 칠보를 가득 채워 보시한다면 이 사람은 이 인연으로 얻는 복덕이 많겠는가?' '그렇습니다. 세존이시여! 그 사람이 이 인연으로

매우 많은 복덕을 얻을 것입니다.'

　온 세상을 가득 채울 만한 보물들을 보시한다면 그 인연으로 매우 많은 복을 얻게 될 것이다. 다만 재물을 보시하여 얻은 공덕은 복이 많다 하지만 중생들이 사는 이 세상이나 삼계에서 통용되는 복일뿐이다.

　'수보리여! 만약 복덕이 실로 있는 것이라면 여래는 많은 복덕을 얻는다고 말하지 않았을 것이다. 본래 복덕이 없으므로 여래는 많은 복덕을 얻는다고 말한 것이다.'

　재물을 보시하는 것은 많은 복덕을 얻는다. 그러나 보시의 공덕이 깨달음을 이루는 데는 직접적으로 도움이 되지 않는다. 보시의 과보로 자비로워진 품성은 자신과 중생의 삶에 대해 회의를 느끼게 되고 결국 깨달음을 이뤄 해탈하는 데로 마음이 모아진다.
　싯달타 태자가 수행을 시작한 것은 복덕을 누리지 못해서가 아니라 삶에 회의를 느꼈기 때문인데 깨달은 이의 눈에는 세상의 복덕은 아무리 많다 하더라도 고(苦)의 연장으로 보일 뿐이다. 중생들의 눈에는 세상에서 누리는 복덕도 복덕이라 할 수 있지만 열반에 귀속되는 복덕에 비하면 복덕이라 할 수 없다. 따라서 삼계에서의 복덕은 고의 연장이므로 복덕이라 할 수 없지만 복덕을 얻는다고 말한 것이다.

20. 형상과 분별을 떠남(離色離相分)

 "수보리여! 그대 생각은 어떠한가. 원만하게 잘 갖추어진 몸의 모습으로 여래라고 볼 수 있겠는가?"

 "아닙니다. 세존이시여! 원만하게 잘 갖추어진 몸의 모습이라고 여래라고 볼 수는 없습니다. 왜냐하면 여래께서 말씀하신 원만한 몸의 모양을 갖춘다는 것은 원만한 몸의 모양을 갖춘 것이 아닙니다. 그 이름이 원만하게 잘 갖춰진 몸의 모습이기 때문입니다."

 "수보리여! 그대 생각은 어떠한가. 원만한 상호를 잘 갖추었다고 여래라고 볼 수 있겠는가?"

 "아닙니다. 세존이시여! 원만하게 상호를 잘 갖추었다고 여래라고 볼 수는 없습니다. 왜냐하면 여래께서 말씀하신 원만하게 상호를 잘 갖춘다는 것이 원만한 상호를 잘 갖춘 것이 아닙니다. 그 이름이 원만하게 잘 갖춰진 몸의 모습이기 때문입니다."

須菩提於意云何佛可以具足色身見不不也世尊如來不應以具足色身見何以故如來說具足色身卽非具足色身是名具足色身須菩提於意云何如來可以具足諸相見不不也世尊如來不應以具足諸相見何以故如來說諸相具足卽非具足是名諸相具足

'수보리여! 그대 생각은 어떠한가. 원만하게 잘 갖추어진 몸의 모습으로 여래라고 볼 수 있겠는가?' '아닙니다. 세존이시여! 원만하게 잘 갖추어진 몸의 모습이라고 여래라고 볼 수는 없습니다. 왜냐하면 여래께서 말씀하신 원만한 몸의 모양을 갖춘다는 것은 원만한 몸의 모양을 갖춘 것이 아닙니다. 그 이름이 원만하게 잘 갖춰진 몸의 모습이기 때문입니다.'

　얼굴과 몸이 아무리 원만하고 귀하게 잘 생겼다 하더라도 여래라 할 수 없다. 아무리 원만하게 생겼다 해도 여래는 사람이나 물체의 모양으로 그려질 수 없다. 여래는 참 진리 자체에서 몸의 모습으로 현신하는 일이 없으므로 사람들은 볼 수 없고 분별할 수도 없다.

'수보리여! 그대 생각은 어떠한가. 원만한 상호를 잘 갖추었다고 여래라고 볼 수 있겠는가?' '아닙니다. 세존이시여! 원만하게 상호를 잘 갖추었다고 여래라고 볼 수는 없습니다. 왜냐하면 여래께서 말씀하신 원만하게 상호를 잘 갖춘다는 것이 원만한 상호를 잘 갖춘 것이 아닙니다. 그 이름이 원만하게 잘 갖춰진 몸의 모습이기 때문입니다.'

석가모니 부처께서는 성도(成道)하신 뒤 32상과 80종호를 갖추었다고 하였다. 얼굴과 몸매에 더 이상적인 원만함이 없을 정도였다. 그러나 이 정도의 원만함은 사천왕을 비롯한 천신(天神)들도 갖추었다고 하였다.

비록 부처라 하더라도 여래는 아니라 하였다. 앞의 여러 분(分)에서 피력한 원만하게 상호를 잘 갖추었다는 표현은 살아있는 부처일 수는 있지만 여래라는 의미는 아니다.

여래는 진리에 따라 왔고 진리에서 현출한 이이다. 여래는 눈과 감촉 등 오감의 대상으로 보고 느끼고 만질 수 없다. 물질적 표현으로는 설명할 수 없고 육체를 드러내는 일은 더욱 있을 수 없다.

사람의 생각은 이것이 있으면 저것이 있다는 연기(緣起)에 의지하므로 갖가지 망령된 분별과 집착이 생기지만 여래 또는 해탈을 이루면 비유(非有) 비무(非無), 즉 있음[有]과 없음[無]이 아니라고 능가경은 설하고 있다. 열반의 세계는 물질세계가 아니므로 어떤 형상도 갖추어지지 않아 우리의 감각이나 분별로 감지할 수 없다.

사구게는 모든 상이 상이 아님을 보는 지혜의 눈을 갖춘다면 여래를 친견할 수 있다 하였다. 또한 보이는 것을 향하면 여래를 볼 수 없고 분별을 일으키지 않으면 보게 될 것이라 하였다.

21. 설하고 설하지 않음이 없다(非說所說分)

"수보리여! 그대는 이런 말을 하지 말라. 여래가 '나는 설법한 것이 있다'라고 말하지 말라. 이런 생각을 하지 말라. 왜냐하면 어떤 사람이 '여래께서 설하신 법이 있다'라고 말한다면 이 사람은 곧 여래를 비방하는 것이니, 내가 설한 것을 전혀 이해하지 못했기 때문이다. 수보리여! 설법이라는 것은 설할 수 있는 법이 없다. 그 이름이 설법이라고 말한다."

그때 수보리가 부처님께 여쭈었습니다. "세존이시여! 미래에 이 법 설하심을 듣고 믿음을 낼 중생이 조금이라도 있겠습니까?" 부처님께서 말씀하셨습니다. "수보리여! 그들은 중생이 아니요 중생이 아닌 것도 아니다. 왜냐하면 수보리여! 중생 중생이라는 것은 여래가 중생이 아니라 그 이름이 중생이라 말하기 때문이다."

須菩提汝勿謂如來作是念我當有所說法莫作是念何以故若人言如來有所說法卽爲謗佛不能解我所說故須菩提說法者無法可說是名說法爾時慧命須菩提白佛言世尊頗有衆生於未來世聞說是法生信心不佛言須菩提彼非衆生

非不衆生何以故須菩提衆生衆生者如來說非衆生是名衆生

'수보리여! 그대는 이런 말을 하지 말라. 여래가 '나는 설법한 것이 있다'라고 말하지 말라. 이런 생각을 하지 말라. 왜냐하면 어떤 사람이 '여래께서 설하신 법이 있다'라고 말한다면 이 사람은 곧 여래를 비방하는 것이니, 내가 설한 것을 전혀 이해하지 못했기 때문이다. 수보리여! 설법이라는 것은 설할 수 있는 법이 없다. 그 이름이 설법이라고 말한다.'

부처님에게 법을 청했다고 한다면 부처는 상대방이 말하는 대로 또는 묻는 대로 답을 할 뿐이다. 답을 할 때에는 그 질문에 대해 논리적으로 판단하고 정리한 대답이 아니라 그저 분별함이 없이 자신이 경계에서 느낀 대로 대답하게 된다.

만약 판단하고 분별하면서 설법을 하거나 대답한다면 여래의 마음이 중생들의 마음처럼 번뇌에 흔들렸음이 되어 유위(有爲)이므로 여래를 비방하는 것이 된다. 설하려 하는 생각이 없이, 또한 분별함이 없이 스스로 깨달아 증득하는 그대로 답하는 행위는 바로 여래의 행 즉 무위(無爲)에 해당한다.

능가경은 다음과 같이 말한다. '부처와 보살은 한 글자도 설하지 않으며 한 글자도 답하지 않는다. 왜 그런가. 모든 것은 문자를 떠난 까닭이다. 뜻에 따르지 않고 분별하여 설하는 것이 아니기 때문이다. 만약 설하지 않으면 교법은 단절될 것이다. 교법이 단절되면 성문·연각·보살 제불은 없게 될 것이니 이것이 없다면 누가 누구를 위해 설하겠는가. 이 까닭에 보살은 문자에 집착하지 말고 중생에 따라서 적절하게 법을 설해야 한다.'

'세존이시여! 미래에 이 법 설하심을 듣고 믿음을 낼 중생이 조금이라도 있겠습니까?' '수보리여! 그들은 중생이 아니요 중생이 아닌 것도 아니다. 왜냐하면 수보리여! 중생 중생이라는 것은 여래가 중생이 아니라 그 이름이 중생이라 말하기 때문이다.'

 보는 주체가 없고 보이는 대상도 없으며 설하는 자도 없고 설해진 것도 없다는 부처님의 설법을 듣고 과연 믿음을 낼 사람이 있겠는가라는 수보리의 질문에 부처님은 믿음을 낼 자들은 중생이 아니고 중생이 아닌 것도 아니다라고 대답한다.
 수행하여 분별하지 않는 경계에 다가간 보살이지만 깨달음의 경지에 들어 이 설법을 접하게 되면 자기 스스로 부처님과 같은 공부를 하였다고 안도하며 바로 이 말씀을 믿게 될 것이다.
 이 사람들은 보살과 부처의 경지이므로 중생이 아니라 하지만 중생이 아닌 것도 아니다. 중생도 부처도 무자성(無自性)이어서 실로 존재하는 것도 아니고 존재하지 않는 것도 아니어서 중생이라 이름할 따름이다. 세상의 이름이나 관념에 집착하지 않도록 다시 경계하시는 것이다.

22. 얻을 것이 없는 법(無法可得分)

  수보리가 부처님께 여쭈었습니다. "세존이시여! 부처님께서 최상의 바른 깨달음을 얻으신 것은 얻을 법이 없는 것입니까?"
  부처님께서 말씀하셨습니다. "그렇다. 그렇다. 수보리여! 내가 최상의 바른 깨달음에서 조그마한 법조차도 얻을 만한 것이 없었다. 다만 그 이름이 최상의 바른 깨달음이라 말한다."

須菩提白佛言世尊佛得阿耨多羅三藐三菩提爲無所得耶佛言如是如是須菩提我於阿耨多羅三藐三菩提乃至無有少法可得是名阿耨多羅三藐三菩提

  무공용행(無功用行) 억지로 마음지어 행하는 작위행(作爲行)을 떠나 저절로 이루어지는 행.
  수증(修證) 수행하여 이치를 증득하는 것.

  수보리가 부처님께 여쭈었습니다. '세존이시여! 부처님께서 최상의 바른 깨달음을 얻으신 것은 얻을 법이 없는 것입니까?' 부처님께서 말씀하셨습니다. '그렇다. 그렇다. 수보리여! 내가 최상의 바른 깨달음에서 조그마한 법조차도 얻을 만한 것이 없었다. 다만 그 이름이 최상의 바른 깨달음이라 말한다.'

부처님은 아뇩다라삼먁삼보리의 최상의 바른 깨달음에서 조그마한 법조차도 얻을 수 없었다고 하였다. 이는 아뇩다라삼먁삼보리의 깨달음을 얻으면 세상의 사물들은 모두 인연에서 파생된 것이어서 환과 같고 그림자처럼 보이는데 거기서 얻을 만한 법이 있을 까닭이 없다. 그래서 경전들에서는 배울 것이 없어지고[無學果] 얻을 것이 없다[以無所得故]고 말하고 있다.

쿤달리니가 완성되면 생각이 조금씩 끊어지기 시작한다. 이 경지가 이무상정(二無相定)에 해당하고 이 경지부터 인간의 오감의 차원을 넘게 된다. 곧 이어 전의(轉依)에서 생각이 열반의식으로 바뀌게 되므로 세상에서 얻기 위해 공부한다는 개념과는 달라진다.

반야의 공부는 신(信)·해(解)·행(行)·증(證)으로 이루어진다. 일반 사람들은 신과 해를 통해서 올바른 행이 이루어질 수 있고 쿤달리니를 각성하면 행과 증 즉 수증(修證)으로 공부가 이루어진다. 그 행이 진행되면서 몸으로 깨달으며[身證] 이어 마음을 깨닫는[證悟] 것이다. 이 경지에서는 자신이 자기의 경지를 인증할 뿐 스승의 인가는 필요하지 않다.

아뇩다라삼먁삼보리의 깨달음을 얻으면 그때부터 부처라 할 수 있다. 다른 사람의 가르침을 받는 것이 아니라 스스로의 체험을 깨달아서 터득[證得]하는 것이야말로 부처의 깨달음의 근본이다. 능가경은 전의 시점에서 '보살마하살은 오래지 않아 생사열반의 두 가지 평등을 얻고 무공용행(無功用行)을 얻으며…'라고 공부하는 방법을 말한다.

이무상정에서 전의로 넘어가는 과정은 쉽지 않다. 그러나 전의에 접어들면 그때부터 무공용행이 나머지 과정을 이끌게 된다. 무공용행은 힘들이지 않고 저절로 이뤄지는 행이라는 말뜻 그대로 전의할 수만 있다면 그 다음은 가부좌하고 앉아 있기만 하면 무상삼매의 무아(無我)까지는 쉽게 나아갈 수 있다. 한 번뿐인 체험이라는 견성으로는 다시 의식을 바꾸는 전의를 할 수 없으므로 무공용행의 혜택을 받을 수 없다.

부처님이 최상의 깨달음에서 조그마한 법조차도 얻을 만한 것이 없다 하였다. 전의 이후에는 그 각각 과정의 수증에 따라 세상에서 배운 모든 상식과 관념, 지식들이 서서히 사라져 없어지는데 차라리 저절로 놓아졌다고 보는 것이 타당하다. 따라서 아무리 놓아라, 생각을 끊어라 한다고 할 수 있는 것이 아니다

이 경에서 말하는 보살과 부처의 자질들이, 즉 생각이 일어나지 아니하고 분별과 집착하지 않는 해탈의 현상들이 저절로 갖추어진다. 따라서 아뇩다라삼먁삼보리의 깨달음은 무엇을 얻는다는 생각이나 조그마한 법조차도 얻을 만한 것이 있지 않다.

여기서 쿤달리니 수련 과정을 간단히 소개하고자 한다. 쿤달리니를 각성할 수 있는 방법은 크게 3단계이다. 첫째 쿤달리니 각성을 위한 준비 단계로 여기서는 자율신경계를

활성화시켜 이완과 경직, 체온조절과 심장조절, 호흡기능, 기(氣)운행까지 마음대로 처리, 운용하게 한다. 쿤달리니가 각성할 수 없었던 요인은 상기(上氣)현상 때문인데 자율신경 조절법을 배우면 기를 수행자 자신이 마음대로 운행하므로 가능해진다.

둘째 쿤달리니 각성과 완성이다. 각성과 완성의 동력원(動力源)은 단전호흡이다. 각성은 미려[물라다라 차크라]에서 시작하여 머리 정상[사하스라라 차크라]을 거쳐 가슴으로 내려가면 완성이다. 이 시점에서 모든 병(病)으로부터 자유로워져 건강은 최상의 상태를 맞게 된다. 최상의 건강 상태는 명상수행을 성공적으로 마치고 생을 마감할 때까지 유지된다. 다만 사고로 인해 부상당한 경우는 제외한다.

단전호흡법은 수련단체마다 홍보하고 있지만 단전호흡을 시행하는 곳은 어디서도 찾아볼 수 없다. 상기가 되기 때문인데 복식호흡을 하면서도 광고에는 단전호흡을 내세우고 있다. 자율신경이 활성화된 후에야 단전호흡을 사용할 수 있다. 쿤달리니가 각성될 수 없었던 이유가 자율신경을 활용하는 방법을 미처 생각하지 못했기 때문이다.

셋째 쿤달리니 완성과 명상의 결합이다. 현재까지 인도나 중국에서도 쿤달리니가 각성되더라도 완성의 개념을 알지 못했고 명상과의 결합은 상상조차 하지 못했다. 쿤달리니가 완성하고 명상을 결합시키면 바로 이무상정(二無相定)의 경지에서 전의, 초월, 무아, 진아까지 증득하게 된다.

이무상정에서 오매일여(寤寐一如), 몽중일여, 소소영령(昭昭靈靈) 등 경계가 일어난다. 여기서 전의(轉依)로 넘어가는 방법이 용이하지 않지만 호흡을 잘 운용하면 가능하다. 전의에 도달하면 곧 이어 세존께서 보았다는 새벽별이 출현한다. 이 별은 아뢰야식이 광구(光球)형태로 현신한 것인데 이 초월시점부터 생각이 현상에서도 자주 끊기게 된다.

아뢰야식이 샛별 모양으로 나타난 뒤에는 아뢰야식이 사라지는 현상을 증득하게 된다. 내가 없다는 것을 가르치기 위해 만들었다는 무아(無我)가 사실은 명상 중 내가 사라지는 현상으로 보인다. 바로 아뢰야식이 제 9식인 암마라식으로 바뀌는 무념(無念)과 무상(無相)이 이뤄지는 무상삼매(無相三昧) 즉 공중무색(空中無色)의 자리이다. 전의에서 무상삼매 경지까지는 힘써 노력하지 않아도 명상자세로 앉아 있기만 하면 저절로 이루어진다.

23. 깨끗한 마음으로 행하다(淨心行善分)

"또한 수보리여! 이 법은 평등하여 높고 낮은 것이 없다. 이것의 이름이 최상의 바른 깨달음이다. 자아도 없고 개아도 없고, 중생도 없고 수자도 없는 경지에서 온갖 법을 수행하면 최상의 바른 깨달음을 얻게 된다. 수보리여! 선법이라는 것은 여래가 말하기를 '선법이 아니고 그 이름이 선법이다'라고 말한다."

復次須菩提是法平等無有高下是名阿耨多羅三藐三菩提以無我無人無衆生無壽者修一切善法則得阿耨多羅三藐三菩提須菩提所言善法者如來說卽非善法是名善法

'또한 수보리여! 이 법은 평등하여 높고 낮은 것이 없다. 이것의 이름이 최상의 바른 깨달음이다. 자아도 없고 개아도 없고 중생도 없고 수자도 없는 경지에서 온갖 법을 수행하면 최상의 바른 깨달음을 얻게 된다. 수보리여! 선법이라는 것은 여래가 말하기를 선법이 아니고 그 이름이 선법이다라고 말한다.'

단번에 뛰어서 구극의 깨달음에 이르는 것을 돈오(頓悟)라고 하는데 명상 중 갑자기 의식이 열반 의식으로 바뀌는 현상을 말한다. 이 같은 현상을, 능가경을 소의경전으로 하는 달마와 5조까지는 전의, 혜능 이후에는 견성이라 한다.

전의 단계에 이르면 처음에는 그런대로 조잡한 적정(寂靜)의 상태에서, 전의가 계속되면서 더욱 정밀한 상태의 적정으로 발전한다. 이때의 명상은 생각이 끊어지다가 결국 일어나지 않으므로 일체 번뇌 망상이 없이 평등하여 높고 낮은 것이 없다고 말할 수도 있지만 구태여 높고 낮은 것이 없다.

여기서는 인간으로서의 최소한의 아상(我相)도 없는 경지에서의 수행을 말하고 있다. 아상이 없다는 것은 생각 자체가 없으므로 분별하지 않으며 집착이 없다. 무념과 무상, 무주가 실현되는 단계이고 바로 부처의 자리이다.

아뇩다라삼먁삼보리의 깨달음을 얻기 위해서는 22분에서 언급한 조그만 법조차도 얻을 것이 없다고 할 때 얻을 수 있다 하였는데 이 분에서는 아상이 없는 경지에서 수행하면 얻는다 하였다. 얻을 것이 없다는 경지나 아상이 없다는 경지, 이 두 경지는 모두 생각이 일어나지 않는 적정 상태다.

이 분에서는 부처의 네 가지 지혜(智慧) 중 하나인 평등성지(平等性智)를 말하고 있다. 이 평등성지는 제7식 말나식(末那識)이 변하여 얻게 되는 무루의 지혜라 하였다. 제7식은 사량, 즉 생각의 헤아림을 본질로 하며 아집(我執)의 근본이 되는 식(識)이다. 바로 분별과 집착 등 번뇌를 작용하게 하는 식(識)이다.

나머지 세 가지 지(智) 중 첫째 대원경지(大圓鏡智)는 유루(有漏)의 8식(識)을 비춰서 얻은 지혜이다. 거울에 한 점의 티끌도 없이 삼라만상이 그대로 비춰 모자람이 없는 것처럼 원만하고 분명한 지혜이다.

둘째 묘관찰지(妙觀察智)는 6식(識)이 변한 것으로 모든 법과 상을 관찰하여 의혹을 끊는 데 사용하는 지혜이다. 마지막으로 성소작지(成所作智)는 유루의 전5식이 불과(佛果)에 이르러 얻은 지혜이다. 10지 이전의 보살, 이승(二乘), 범부들을 이락(利樂)하게 하기 위하여 삼업(三業 身·口·意業)으로 변화하는 여러 가지 일을 보여 편안하게 하는 지혜이다.

24. 복과 지혜는 비교할 수 없다(福智無比分)

"수보리여! 삼천대천세계에 있는 산중에서 제일 큰 산인 수미산만큼의 칠보 무더기를 가지고 보시하는 사람이 있다고 하자. 또 이 반야바라밀경의 사구게만이라도 받아 지니고 읽고 외워 다른 사람을 위해 해설해 주는 사람이 있다고 하자. 그러면 앞의 복덕은 뒤의 복덕에 비해 백의 하나에도 미치지 못하고 천에 하나, 만에 하나, 억에 하나에도 미치지 못하며 더 나아가서 어떤 셈이나 비유로도 미치지 못한다."

須菩提若三千大千世界中所有諸須彌山王如是等七寶聚有人持用布施若人以此般若波羅蜜經乃至四句偈等受持讀誦爲他人說於前福德百分不及一百千萬億分乃至筭數譬喩所不能及

'수보리여! 삼천대천세계에 있는 산중에서 제일 큰 산인 수미산만큼의 칠보 무더기를 가지고 보시하는 사람이 있다고 하자. 또 이 반야바라밀경의 사구게만이라도 받아 지니고 읽고 외워 다른 사람을 위해 해설해 주는 사람이 있다고 하자.

그러면 앞의 복덕은 뒤의 복덕에 비해 백의 하나에도 미치지 못하고 천에 하나, 만에 하나, 억에 하나에도 미치지 못하며 더 나아가서 어떤 셈이나 비유로도 미치지 못한다.'

열과 성을 다하여 재물을 보시하는 사람이 있다고 하자. 그 사람은 어떤 이유로든 큰 재물을 보시하면 마음이 충만해지고 자만심을 느끼며 미래에 응분의 복락을 누리게 될 것이라 자신도 모르게 생각하게 된다. 따라서 선행(善行)을 하여도 번뇌가 끊임없이 일어난다.

그러나 반야바라밀경을 공부하고 수행하는 사람이 다른 사람을 위해 이해가 가도록 설명해 준다면 이 수행자의 공덕이 재물보시하는 사람의 공덕과 비교할 수조차 없다. 재물보시는 인연법칙에 의한 공덕으로 중생세계에서 통용되는 것이며 반야보시는 분별을 초월한 경지에서 이루어져 깨달음의 세계에 이르게 하므로 이 두 가지 보시는 본질이 아주 달라서 비교할 대상이 아니다.

이 경은 두 가지 보시의 차이에 대해 많은 설명을 하고 있다. 삼천대천세계에 칠보를 가득 채워…, 항하의 모래 수처럼 많은 삼천대천세계에 칠보를…, 하루 세끼 항하의 모래 수와 같이 많은 몸으로 보시하여 이와 같이 하기를 한량없는 세월 동안 몸으로…, 과거 한량없는 팔백사천만억 나유타의 여러 부처님을 공양하고 받들어 섬기며 그냥 지나친 적이 없었다는 등 여러 가지 보시들을 열거하였다.

사람들은 이처럼 지극한 정성으로 보시하고 몸으로 공양하여 받들어 모시면 부처님께서 하해와 같은 자비심으로 깨달음의 세계에 들여 주시지 않을까 하는 바람을 가질 수 있다. 그러나 재물보시나 육(肉)보시는 아무리 열과 성을 다한다 하더라도 반야보시와는 성질이 매우 달라 부처로서도 어찌할 수 없다.

  보시의 과보는 이 세상에서 또는 삼계육도의 좀 더 나은 세상에서 복을 받는 것이다. 그러나 반야에 눈을 돌리고 수행까지 한다면 그 과보는 열반이다. 세상에서 아무리 복이 많다 하나 열반의 복에 어찌 비교할 수 있겠는가.

25. 교화한 바가 없다(化無所化分)

"수보리여! 그대 생각은 어떠한가. 그대들은 여래가 '나는 중생을 반드시 제도하리라'는 생각을 한다고 말하지 말라. 수보리여! 이런 생각을 하지 말라. 왜냐하면 여래가 제도한 중생이 실제로 있어서 한 것이 아니기 때문이다. 만일 중생이 있어서 여래가 제도한다면, 여래에게도 자아, 개아, 중생, 수자가 있게 되는 것이다.

수보리여! 여래가 말하는 자아가 있다는 집착은 자아가 있다는 집착이 아닌데 범부들이 자아가 있다고 집착한다. 수보리여! 범부라는 것도 여래가 설하기를 범부가 아니라고 하셨다. 그 이름이 범부일 뿐이다."

須菩提於意云何汝等勿謂如來作是念我當度衆生須菩提莫作是念何以故實無有衆生如來度者若有衆生如來度者如來則有我人衆生壽者須菩提如來說有我者則非有我而凡夫之人以爲有我須菩提凡夫者如來說則非凡夫

'수보리여! 그대 생각은 어떠한가. 그대들은 여래가 나는 중생을 반드시 제도하리라는 생각을 한다고 말하지 말라. 수보리여! 이런 생각을 하지 말라. 왜냐하면 여래가 제도한 중생은 실제로 있어서 한 것이 아니기 때문이다. 만일 중생이 있어서 여래가 제도한다면, 여래에게도 자아, 개아, 중생, 수자가 있게 되는 것이다.'

　여래는 자신이 무엇을 하겠다는 생각을 하지 않는다고 하였다. 생각이 일어나지 않고 분별하지 않으며 집착이 없는 진리 자체이므로 여래이다. 그러나 부처는 살아 있으므로 자신이 알고 있는 열반에 이르는 방법을 가르치게 된다. 이 가르침이 자비이다. 그것도 자비를 베풀고 제도하겠다는 생각이나 의지가 있어서 행한 행위가 아니다. 그냥 할 뿐이다. 이를 하는 바 없이 하는 행이라 하여 무위(無爲)의 행이라 한다.

　중생을 제도하겠다는 생각을 해야 제도된 중생이 있을 터인데 부처는 생각이 일어나지 않아 하는 바 없이 하는 행이므로 부처에게는 제도된 중생이 있을 수 없다. 만일 부처가 제도할 중생이 있어서 한다면 대상이 있는 것이어서 중생들과 마찬가지로 아상 등 사상(四相)을 생각한다 할 수 있다. 그렇다면 부처도 생각하고 분별하므로 부처가 아니고 중생이다.

　생각하고 움직이며 주체가 있다면 '나'라는 실체가 있어야 한다. 실체라 하면 '나'라는 주체의식이나 심(心), 의식 즉 아뢰야식을 가리키는 것인데 이 아뢰야식은 무상삼매에서 소멸하게 된다. 그러므로 결국 주체가 없는 것이 되어 무아(無我)라 하였다. 사람이 주체가 없으므로 우주 속의 형상을 가진 모든 사물들도 역시 무아이다.

무상삼매에 도달하면 중생계의 업을 마쳤으므로 아뢰야식은 소멸되어 청정식인 제9식 암마라식으로 바뀌게 된다. 암마라식으로 변하면 부처의 남은 생은 근본지(根本智)와 후득지(後得智)에 의지하여 살게 된다.

진리를 깨달아 근본지를 얻게 되지만 몸은 살아 있으므로 다시 분별하는 얕은 지혜를 일으켜서 세상을 헤아려 살게 되는데 이때 무아라고 하여 의식이 없어지거나 세상의 상황에 따라 단절되거나 소멸하는 일은 없다.

아뢰야식이 암마라식으로 바뀌면서 세속적인 나의 개체는 소멸되어 부처가 되었으므로 부처로서는 아뢰야식의 존재를 긍정할 수 없다. 꿈에서나 있을, 또는 물거품 같은 과거의 아뢰야식인 '나'를 생각하면 참으로 허허롭다. 그래서 중생을 중생이라고 하지만 중생은 이름과 관념일 뿐 실제로는 없는 것이고 나와 너, 주관과 객관은 있을 수 없다.

'수보리여! 여래가 말하는 자아가 있다는 집착은 자아가 있다는 집착이 아닌데 범부들은 자아가 있다고 집착한다. 수보리여! 범부라는 것도 여래가 설하기를 범부가 아니라고 하였다. 그 이름이 범부일 뿐이다.'

앞에서도 설명했듯이 여래는 자아가 있다는 집착이란 있을 수 없다. 여래에게 집착이 있다면 여래가 아니다. 그러나 중생들은 분별을 일으키면 바로 자아와 집착이 한꺼번에 일어나므로 자아가 있다는 집착이 된다. 범부(凡夫)라는 생각도 분별하면 범부이고 분별하지 않으면 범부는 없다. 다만 이름이고 관념일 뿐이다.

26. 법신은 형상이 아니다(法身非相分)

"수보리여! 그대 생각은 어떠한가. 서른두 가지 남과 다른 형상으로 여래라고 볼 수 있는가?"

수보리가 대답하였습니다. "그렇습니다. 그렇습니다. 서른두 가지의 남보다 다른 모습으로도 여래를 볼 수 있습니다."

부처님께서 말씀하셨습니다. "수보리여! 서른두 가지 남보다 다른 형상으로도 여래라고 볼 수 있다면 전륜성왕도 곧 여래이겠구나?"

수보리가 부처님께 말씀드렸습니다. "세존이시여! 제가 부처님께서 말씀하신 뜻을 이해하기로는, 서른두 가지 남보다 다른 모습을 가지고는 여래라고 볼 수 없습니다."

그때 세존께서 게송으로 말씀하셨습니다.

"만약 형상으로 나를 보려 하거나 음성으로 나를 찾으려 한다면 삿된 길을 걸을 뿐 결코 여래는 볼 수 없으리라."

須菩提於意云何可以三十二相觀如來不須菩提言如是如是以三十二相觀如來佛言須菩提若以三十二相觀如來者轉輪聖王則是如來須菩提白佛言世

尊如我解佛所說義不應以三十二相觀如來爾時世尊而說偈言若以色見我以
音聲求我是人行邪道不能見如來

'수보리여! 그대 생각은 어떠한가. 서른두 가지 남과 다른
형상으로 여래라고 볼 수 있는가?' 수보리가 대답하였습니다.
'그렇습니다. 그렇습니다. 서른두 가지의 남보다 다른 모습으
로도 여래를 볼 수 있습니다.' 부처님께서 말씀하셨습니다.
'수보리여! 서른두 가지 남보다 다른 모습으로도 여래라고 볼
수 있다면 전륜성왕도 곧 여래이겠구나?' 수보리가 부처님께
말씀드렸습니다. '세존이시여! 제가 부처님께서 말씀하신 뜻을
이해하기로는 서른두 가지 남보다 다른 모습을 가지고는 여
래라고 볼 수 없습니다.'

　5분 이후 여러 분들에서 거룩한 용모나 형상으로도 여래
는 볼 수 없다고 하였다. 사람들은 어떤 대상에 대해 들으
면 나름대로 그 형상을 마음에 그리게 된다. 수보리도 관념
에 대한 집착을 버리지 못했기 때문에 여래의 형상에 대해
듣자 바로 자기 나름의 모습을 떠올리고 있다.
　부처님은 서른두 가지 남과 다른 거룩한 몸의 모습을 갖
추면 여래를 볼 수 있는가 하고 묻는다. 수보리는 서른두
가지 남보다 다른 거룩한 몸으로도 여래를 볼 수 있다고 하
는 순간 분별의 함정에 빠져 중생의 미혹한 마음을 드러낸
다.
　삼십이 상의 용모는 중생계에서 거룩하게 생긴 용모 중
현저하게 뛰어난 서른두 가지를 가려 그 모습을 전륜성왕의

모습이라 한다. 따라서 삼십이상은 중생계에서는 더 이상 거룩하고 빼어난 모습이 없을 정도여서 수보리가 여래의 모습으로 그리고 있다.

설령 전륜성왕이 서른두 가지 뛰어난 육체의 모습을 가지고 있다 하더라도 그 모습은 색에 불과하다. 전륜성왕이 비록 복덕이 뛰어나서 32상을 갖추고 수미(須彌) 4주(洲)를 통치한다는 하늘나라의 왕이라고 하지만 아직 중생의 모습이다. 여래는 진여(眞如) 그 자체이므로 중생으로서는 분별할 수 없고 분별의 대상도 아니다.

그때 세존께서 게송으로 말씀하셨습니다. '만약 형상으로 나를 보려 하거나 음성으로 나를 찾으려 한다면 삿된 길을 걸을 뿐 결코 여래를 볼 수 없으리라.'

사람들은 오감의 감각기관을 동원하여 사물을 감지한다. 따라서 여래까지도 감각을 이용하여 보기를 원하고 찾으려고 한다. 결국 세상에서 물질로 만들어진 여래를 찾으려 하는 결과가 되어 결코 여래를 볼 수 없게 된다. 여래는 법신(法身)과 화신(化身), 보신(報身) 등 세 가지 몸으로 구성되어 있다 하였다.

보신은 과보와 수행의 결과 주어진 불신이다. 이러한 공덕을 갖춘 예가 불신의 특징인 32상 80종호로 나타난다. 석가모니 부처가 오랜 수행의 결과로 얻을 수 있었던 몸이 바로 이러한 몸이고 이 몸은 현상에서 나타낼 수 있는 가장 위엄 있고 자비로우며 거룩하게 생긴 몸이라 하였다.

화신은 응신불(應身佛) 또는 변화신이라 하여 중생을 교화하기 위해 여러 가지 형상으로 변화하는 불신을 말한다. 석가모니불과 미래의 미륵불도 화신에 속한다. 법신은 영원불변하는 만유의 본체인데 인격적 의미를 붙여 법신이라 한다. 따라서 색과 형상이 없는 부처이고 일체의 존재는 모두 법신의 나타남이라 풀이한다.

여래의 몸은 이처럼 세 가지인데 여기서 말하는 여래는 그 중 법신을 가리킨다. 따라서 오감으로 감지할 수 있는 형상을 갖추었다면 여래는 아니다. 형상으로 보려 하거나 음성으로 찾으려 한다면 삿된 길을 걸을 뿐 여래는 절대 볼 수 없다 하였다.

5분에서 소개한 범소유상 개시허망 약견제상비상 즉견여래(凡所有相 皆是虛妄 若見諸相非相 卽見如來) 즉 '존재하는 온갖 모습들은 모두 허망한 것이니 만약 참모습을 보면 곧 여래를 보리라'라는 사구게가 해답이 될 것이다.

27. 끊어지고 없어지지 않는다(無斷無滅分)

"수보리여! 그대가 생각하기를 '여래는 원만하게 잘 갖추어진 상호를 마음에 두지 않았기 때문에 최상의 바른 깨달음을 얻은 것이다'라고 하지 않는가. 수보리여! '그렇게 생각하지 말라. 여래는 상호를 원만하게 갖추지 않았기 때문에 최상의 바른 깨달음을 얻은 것이다'라고 하지 말라.

수보리여! 그대가 생각하기를 '최상의 바른 깨달음에 마음을 낸 자는 모든 법이 끊어지고 없어졌다고 하는가? 이런 생각을 하지 말라. 왜냐하면 최상의 바른 깨달음에 마음을 낸 자는 모든 것이 단절되고 소멸된다고 말하지 않기 때문이다.''

須菩提汝若作是念如來不以具足相故得阿耨多羅三藐三菩提須菩提莫作是念如來不以具足相故得阿耨多羅三藐三菩提須菩提汝若作是念發阿耨多羅三藐三菩提者說諸法斷滅相莫作是念何以故發阿耨多羅三藐三菩提心者於法不說斷滅相

단멸(斷滅) 모든 법은 인과(因果)가 각각 다르므로 항상[常]한다고 하지 않고 인과가 상속하므로 그치는 것[斷]이라 하지 않는다. 이 인과를 상속하는 이치가 없다고 하여 물리치는 것을 단멸(斷滅)의 견[見]이라 한다. 즉 단견은 사견(邪見) 가운데 극악(極惡)에 속한다.

단멸견(斷滅見) 인간의 색신(色身)과 일체의 만상은 반드시 단멸되어 공(空)으로 돌아간다는 견해로서, 인과의 이치를 무시하는 삿된 견해를 말한다.

'수보리여! 그대가 생각하기를 여래는 원만하게 잘 갖추어진 상호를 마음에 두지 않았기 때문에 최상의 바른 깨달음을 얻은 것이다라고 하지 않는가. 수보리여! 그렇게 생각하지 말라. 여래는 상호를 원만하게 갖추지 않았기 때문에 최상의 바른 깨달음을 얻은 것이다라고 하지 말라.'

삼십이상(三十二相) 팔십종호(八十種好)는 오랜 수행의 결과 얻을 수 있다는 몸이다. 이 용모는 세상에서 나타낼 수 있는 최종적인 진리의 표현이라 하였다. 따라서 불타의 육신이나 전륜성왕의 몸에 갖추어져 있는 거룩한 용모 또는 형상을 말한다. 여래는 법신이라 물질적 형상으로 나타내 보일 수 없다고 거듭 말하고 있다. 그런데도 사람들이 어떤 모습으로든 여래의 형상에 집착할까 염려하여 다시 주위를 환기시킨다.

여래는 이처럼 원만하게 모습을 잘 갖추었든 갖추지 않았든 그 생김새로 하여 최상의 바른 깨달음을 가졌다고 하는 생각은 잘못이다. 또 아뇩다라삼먁삼보리의 깨달음을 얻어서 원만한 모습을 갖추었다는 생각도 잘못이다. 생김새는 색(色)과 관념에 불과한 것이어서 깨달음과는 아무런 관련이 없다. 형상으로 보거나 음성으로 찾으려 한다면 결코 여래를 볼 수 없다. 이처럼 잘생긴 용모와 관념에 조금이라도 집착한다면 반야를 공부할 수 있는 단계가 아니다.

'수보리여! 그대가 생각하기를 최상의 바른 깨달음에 마음을 낸 자는 모든 법이 끊어지고 없어졌다고 하는가? 이런 생각을 하지 말라. 왜냐하면 최상의 바른 깨달음에 마음을 낸 자는 모든 것이 단절되고 소멸된다고 말하지 않기 때문이다.'

최상의 바른 깨달음 즉 각(覺)을 이루어 삼먁삼보리를 얻고자 하는 수행자는 온갖 법이 끊어지거나 소멸한다고 말하지 않는다. 최상의 바른 깨달음을 성취해도 생각[識]의 진실한 모습은 변하지 않는다. 다만 과거의 업상(業相)은 멸하여 암마라식으로 바뀌지만 근본지와 후득지라는 지혜가 생겨나 남은 생을 과거의 생활과 별로 달라짐 없이 느끼고 헤아리면서 살아가게 된다. 따라서 깨달음을 얻은 부처도 당연히 모든 법이 끊어지고 사라진다는 것을 말하지 않는다.

무아(無我)라는 말이 일부 수행자의 마음에 단절과 소멸의 의미로써 부담이 될 수 있기 때문에 이를 해소하기 위해 설명한다. 능가경에 의하면 부처가 무아(無我) 또는 무아행을 닦으라고 한 것은 아상(我相)을 없애면 열반에 든다는 의미로 이는 '나'라는 소견을 없애 주기 위해서 무아법을 방편으로 가르쳤다고 설명하고 있다.

그러나 무아라는 개념이 다만 공부만을 위해 가상으로 설정한 것이 아니고 쿤달리니를 통한 수행과정에는 '나' 즉 주체가 소멸하는 현상이 일어난다. 아상을 주제하는 것은 제8식인 아뢰야식이다. 이 아뢰야식이 새벽별과 같은 광구(光球)로 나타난 뒤 소멸하면 이 자리를 무상삼매 또는 공중무색(空中無色)이라 하며 이 현상이 무아를 가리킨다.

그 다음 단계가 진아가 발현하는 자리인데 제8아뢰야식이 제9 암마라식으로 교체된다. 암마라식은 아뢰야식 즉 장식(藏識)이 소멸하여 이루어진 청정무구한 자리이다. 세상의 의식인 아뢰야식이 멸하였지만 암마라식에 식(識)의 공능이 있어 자신의 모든 것을 알고 있으며 보고 분별도 한다. 그러나 이 자리는 분별을 떠난 자리이므로 진여라 한다. 식이 멸한 암마라식은 허무나 단멸이 아닌 여래의 일체 공덕이 구족되어 있어 여래장이라 한다고 능가경은 말하고 있다.

사람이 죽거나 열반했다고 하여 인연과 법으로부터 단절되지는 않는다. 공(空)이 비어 있다는 한자의 뜻 때문에 허망하게 생각하는데 중생은 윤회의 길로, 부처는 열반의 세계에 들게 되어 소멸하거나 단절하지 않는다.

금강경과 같은 수승한 반야경에서 법이나 인연과 단절하고 소멸한다는 말이 왜 나오는 것일까. 단멸론의 시원은 부처님이 세상에 계실 때부터이다. 당시 인도의 우파니샤드의 일부 학파는 삶의 기준이 되는 도덕이며 자연신들의 존재, 천당과 지옥에 대한 믿음, 그리고 선한 행위의 결과로 얻게 되는 업보의 법칙이나 보시와 자비의 공덕 등을 모두 부정하였다. 정신이든 물질이든 실재하는 것은 아무 것도 없고,

모든 것이 텅 비고 허무한 비실재인 공(空)이고 무(無)라고 생각하였다는 것이다.

아트만은 영원한 존재도 아닐 뿐더러 이 세상에 존재하지도 않는 것이며 어떤 다른 자아도 없다고 주장했다 한다. 당시에도 이런 주장을 단멸론 또는 절멸론이라 지칭하였다. 이런 단멸론이 대두되던 와중에 붓다가 출현하여 '세계가 비었다'라고 하면서 아트만과 브라흐만 역시 부정했다. 그리고 최상의 신이 절대적인 존재라는 믿음을 통해 깨달음과 해탈, 열반 등 신을 향한 수행 또한 부정하였다. 이런 붓다의 주장은 붓다의 진의(眞意)를 깨닫지 못한 사람들에게 당시 떠돌던 단멸론을 한층 강조한 셈이 되었던 것 같다.

이와 같은 생각은 현재에도 일부 식자층에 도사리고 있는 듯하다. 그런데 공(空)이 '있는 것도 아니고 없는 것도 아니라'면 불교의 구경지라는 공의 세계가 너무 허망하다. 그런데 '공이 없음의 공이 아니다'라며 허무적인 차원이 아니라고 불교는 주장하고 있다. 공을 관하는 것은 진실한 가치의 발견이라면서 허무주의가 아니라고 역설하지만 설득력이 부족하다.

이 공의 논리가 금강경에서 무아(無我)로 나타난다. 금강경 17분은 구경에는 '나'가 없다[竟無我分]인데 '모든 법에 자아도 없고 개아도 없고 중생도 없고 수자도 없다'고 하여 이를 궁극적인 진리라 하였다. 또 '무아의 법에 통달한다면 이를 진정한 보살'이라 하여 무아를 강조하였다.

불교 이론의 근간인 삼법인(三法印) 즉 제행무상(諸行無常), 제법무아(諸法無我), 열반적정(涅槃寂靜)에서도 무상(無

常)과 무아(無我)가 두 축을 이루고 있다. 무상(無常)과 무아 즉 세상이 모두 실체가 없어 허무하고 더구나 '나'가 없음을 강조한 것이 중생들 특히 식자들 중에서도 다수에게 수행의 걸림돌이 되었던 듯싶다.

무아와 단멸론은 인도 제14祖이며 공종(空宗)의 시조(始祖)라 일컬어지는 용수(龍樹)로 이어진다. 용수는 불멸후(佛滅後) 6-7세기경 태어나 대승불교의 기초를 확립해 대승불교를 크게 선양하였으며 저서로 중론(中論) 4권과 대지도론(大智度論) 100권 등 많은 연구 결과를 남긴 인물이다. 대승불교가 용수로부터 발흥하였으므로 제2의 석가, 8종의 조사 등으로 일컬어지고 있다. 그의 중론에서 확립된 공의 사상은 그 이후 모든 불교사상에 깊은 영향을 끼쳤다고 한다. 용수의 공에 대해 살펴보기로 한다.

'만약「산출하는 행위」등이 존재하지 않는다면「참된 실재」도「그릇된 실재」도 존재할 수 없을 것이다. 만약 참된 실재도 그릇된 실재도 존재하지 않는다면 그 존재하지 않는 것으로부터 결과[報]도 생겨날 수 없다.'(中頌 8장 5)

'만약 실재적인 결과가 없다면 천상이나 궁극적 자유[涅槃]에 이르는 길도 존재하지 않을 것이다. 따라서 모든 산출하는 행위들은 목적이 없음을 알 수 있다.' (中頌 8장 6)

용수는 행위자와 그 대상이 없다면 과보(果報)가 있을 수 없다고 말한다. 또한 과보가 없으므로 천당이나 열반 등의 구경지가 있을 수 없다고 부정하고 있다. 용수의 견해를 더 들어 보자.

'의존성[受]이 있을 때 독자적인 존재성은 존재하지 않는다. 만약 독자적인 존재성이 존재하지 않는다면 도대체 어떻게 다른 존재성이 있겠는가.'(中頌 22장 9)

'그러므로 의존성[受]과 의존하는 것[受者]은 완전 공(空)이다. 어떻게 공한 여래가 공한 것을 통하여 알려질 수 있겠는가.'(中頌 22장 10)

용수는 여래가 의존적 관계의 존재가 아니며 독자적인 존재도 아니기 때문에 여래의 존재를 근본적으로 부정한다. 위 예문의 중송 8장 5와 22장 9는 아체, 본체, 실체가 없어서 공이라 하는 공의 원리와 일치한다. 8장 6과 22장 10은 앞 예문의 논리를 그대로 차용해 열반, 여래 등 궁극적 진리를 부정하는 데 적용시켰다.

용수는 자성(自性)을 세우고 실체적인 원리를 상정하기 위해서는 일체의 다른 것과의 의존(依存), 상대(相對), 상관(相關), 상의(相依)의 관계 등 연기(緣起) 위에서만 비로소 성립한다고 주장하고 있다.

그 상관관계는 긍정적, 부정적, 모순적 상태의 여러 가지 형태로 나타나며, 어느 것에서도 독립적으로 존재할 수 없으며 공의 상태에 이를 수 없는 반면 궁극적 절대적 관점[第一義諦·眞諦]은 우리들의 일상적 진리[俗諦·世俗諦]에 의해서만 성립할 수 있으며 이를 초월해서는 논의의 대상이나 표현의 대상이 될 수 없다는 것이다.

세상의 모든 사물이 자성(自性)이 없어 공이라고 한 가르침은 이론의 여지가 없다. 왜냐하면 견성 또는 전의(轉依), 초월의 과정을 거쳐 무아(無我)의 자리에 간 수행자라면 현상적인 '나'를 투영시켰다고 여겨질 만한 어떤 것도 존재하지 않는다는 용수의 의견을 인정할 수밖에 없다.

그러나 무아(無我)와 진아(眞我)를 증득(證得)하는 자리에 서면, 끈질기게 남아 있던 장식(藏識·아뢰야식)이며 현상의 '나'는 소멸하여 무아의 상태가 되고 그동안 '나'라는 장식의 작용인 번뇌에 숨겨져 있던 자성(自性)인 불성(佛性)이 새롭게 드러난다는 사실을 알게 된다.

용수는 22장 16에서 '여래의 독자성은 곧 세간의 독자적인 존재에서 비롯한다. 따라서 여래는 독자적인 존재성이 없으며 세간도 역시 독자적인 존재성이 없다'라고 여래를 세상의 비교논리로 부정하고 있다.

'최고의 진리도 세속적 활동과 연계하지 않고는 드러나지 않는다'라고 하는 용수는 열반, 여래 등 궁극적 관념들을, 신을 향한 수행을 부정하는 붓다의 논리를 그대로 적용하여 분석한 것 같다. 용수가 만약 전의나 무아를 체득하였다면 궁극적인 진리를 세간의 논리로 저울질하지는 않았을 것이다. 혹시 중국식 견성처럼 '한 번뿐인 특수한 체험'을 바탕으로 이 논리를 전개한 것이 아닐까 의심할 따름이다.

공은 생각이 끊어진 상태에서 의식이 전의되었을 경우에 한하여 접할 수 있다. 오직 이무상정의 상태를 넘어 의식이 근본적으로 바뀌었을 경우에만 가능하다. 실재의식은 가아(假我)의 소산이며 속제(俗諦)의 논리이고 공(空)은 궁극적 절대적 입장 즉 진아, 진제(眞諦)의 세계이다. 따라서 이러한 논리로 적용했다면 이는 수행의 수준이 성숙한 공의 경지에 이르지 못했음을 나타낸다.

또한 공의 세계라 하더라도 전의 차원이 다르고 초월과 무아의 차원이 각각 다르다. 진아를 자증(自證)하지 않으면 무아를 체험했다 하더라도 이해할 수 없다. 따라서 용수는 붓다가 우파니샤드를 부정하는 논리, 즉 신에 의지한 깨달음과 해탈, 열반에 대한 부정을 그대로 붓다의 가르침에 적용하였다.

붓다의 가르침은 해탈과 열반을 부정한 것이 아니다. 브라만이나 신(神)과 아트만[自我]에 의지한 깨달음과 해탈, 열반을 부정한 것이다. 붓다께서 가르치신 것은 신들의 세계인 삼계육도를 벗어난, 즉 의식이 지배하는 세상이 아닌 열반을 위한 깨달음과 해탈을 말하고 있는 것이다.

궁극적 절대적 관점은 중생 세계의 논리에 의해서만 성립할 수 있으며, 이를 초월해서는 논의의 대상이나 표현의 대상이 될 수 없다고 보는 용수의 관점은 수행으로 이룬 각자(覺者)이기보다 명석한 두뇌를 소유한 학자였기에 가능한 논리이다.

이상의 용수의 논리를 보면 참된 실재[眞我]가 없다면 수행을 해도 과보(果報)가 있을 수 없고 따라서 열반, 여래 등이 있을 수 없다는 관점으로, 단멸견을 그대로 이어 받은 것이다.

금강경을 재편집하였다는 양나라 무제의 아들 소명태자는 당시 열반경과 능가경이 중국 불교에서 널리 수지, 독송되는 사실을 잘 알고 있었을 터인데 금강경에서 무아(無我)를 왜 구경의 가르침이라고 축소하여 편찬하였을까. 달마 조사부터 5조 홍인과 그의 제자 신수에 이르기까지 능가경을 소의경전으로 삼아 왔는데 갑자기 6조 혜능이 금강경을 소의경전으로 바꾼 것은 의문으로 남는다.

능가경이 대열반이라고 하는 부분을 보자. '대열반은 전의(轉依)된다고 하여 장식(藏識)인 아뢰야식(識)이 단멸되는 것이 아니라 그 식(識)이 대원경지(大圓鏡智)로 전변(轉變)되는 것이다. 즉 오염된 업식이 정화되어 청정무구식(淸淨無垢識)이 된다.'

이 청정무구한 자리를 오염된 상태의 제8식과 구분하여 제9식[菴摩羅識]이라 부른다. 이는 진여일심(眞如一心)과 같다. 이 9식에서 식(識)의 이름을 쓴 것은 분별하고 아는 생각의 작용이 없지 않기 때문이다. 만약 이 공능이 없다면 깨달은 후 목석처럼 되어 버리는 셈이 된다. 그러나 이 자리에서의 분별은 분별함이 없는 분별이다. 이 자리는 분별을 떠난 자리이므로 진여라 한다 하였다. 그러므로 식이 멸한 자리는 허무(虛無)나 단멸(斷滅)이 아니고 여래의 일체 공덕이 구족된 여래장이라 하였다.

금강경이 진실아를 설하지 않았다 하여 잘못되었다고 생각하지는 않는다. 사람으로서는 아무리 열심히 수행하더라도 쿤달리니를 활용하지 않으면 전의조차 할 수 없기 때문에 무아라는 공허한 단어에 얽매였음을 이해할 수 있다.

최상의 바른 깨달음인 삼먁삼보리 또는 반야바라밀에 뜻을 두어 수행하다가 혹시 법에 대하여 단절되고 소멸되지 않을까 하는 마음이 생기거나 퇴굴심이 일어난다면 다시 마음을 굳게 다잡아야 할 것이다.

28. 누리지 않고 탐하지도 않는다(不受不貪分)

"수보리여! 만약 어떤 보살이 항하의 모래 수와 같이 많은 세계에 칠보를 가득 채워 보시한다고 하자. 또 어떤 사람이 모든 법이 무아의 도리를 알아 인욕을 성취한다고 하자. 그러면 이 보살의 공덕은 앞의 보살이 얻은 공덕보다 훨씬 뛰어나다. 왜냐하면 수보리여! 모든 보살들은 복덕을 누리지 않기 때문이다."

수보리가 부처님께 여쭈었습니다. "세존이시여! 어찌하여 보살이 복덕을 누리지 않습니까?"

"수보리여! 보살은 자신이 지은 복덕에 탐욕을 내거나 집착하지 않기 때문이다. 그러므로 복덕을 누리지 않는다고 설한 것이다."

須菩提若菩薩以滿恒河沙等世界七寶持用布施若復有人知一切法無我得成於忍此菩薩勝前菩薩所得功德須菩提以諸菩薩不受福德故須菩提白佛言世尊云何菩薩不受福德須菩提菩薩所作福德不應貪着是故說不受福德

인욕(忍辱)바라밀 타인으로부터 받는 모든 박해나 고통을 잘 참고, 도리어 그것을 받아들임으로써 원한과 노여움을 없애고 제법을 밝게 관찰하여 마음을 안주(安住)하는 것.

'수보리여! 만약 어떤 보살이 항하의 모래 수와 같이 많은 세계에 칠보를 가득 채워 보시한다고 하자. 또 어떤 사람이 모든 법이 무아의 도리를 알아 인욕을 성취한다고 하자. 그러면 이 보살의 공덕은 앞의 보살이 얻은 공덕보다 훨씬 뛰어나다. 왜냐하면 수보리여! 모든 보살들은 복덕을 누리지 않기 때문이다.'

보시를 하고 적선 또는 자선을 하는 것은 사람들의 마음을 조화롭게 하고 상생하며 의사소통까지 원활하게 하여 적극 추천하고 장려해야 할 일이다. 보시에 정성을 다하여 보다 많이 베푼다면 그 공덕은 삼계육도에서 가장 클 것이다.

그런데 금강경의 가르침은 우선 아상과 인상, 중생상, 수자상을 버리라 하였다. 다음은 안·이·비·설·신의 오감과 의식까지도 뛰어넘어 그 대상에도 집착을 없애라 하였다. 사상(四相)과 관념을 버려 '나'를 의식하지 않고 집착까지 없다면 무아를 성취한 것이고 바로 부처가 된 것이다.

이와 같은 성취에 이른다면 이는 부처의 성품인 생각이 일어나지 않고 분별하지 않으며 집착하지 않아서 최상의 공덕이 이뤄진 것이다. 따라서 공덕의 크기는 번뇌가 많고 적음으로 판가름 난다 할 수 있다.

보시하는 사람은 보시 공덕으로 생각이 어떻게 바뀌었을

까. 사람들은 보시하면 그 과보로 언젠가 미래에 많은 복덕을 받아 더 잘 살고 보다 훌륭한 명예를 얻을 것을 기원하는 것이 일반적이다. 따라서 보시는 결국 삶에 대한 집착을 더욱 키우게 된다. 비록 삼계에서 공덕은 크다고 하지만 번뇌가 그치지 않아 무아의 도리를 아는 공덕에는 훨씬 미치지 못하다고 한 것이다.

그러나 보시를 하되 그 과보를 생각하지 않고 집착하지 않은 무주상 보시는 그 자신은 의식하지 못했더라도 아뇩다라삼먁삼보리를 추구함과 같은 것이어서 법보시처럼 그 공덕을 헤아릴 수 없다. 하물며 삼먁삼보리에 마음을 굳힌 사람이 법보시와 더불어 재물을 다른 사람과 함께하는 수행을 위해 보시한다면 그 공덕은 금상첨화일 것이다.

수보리가 부처님께 여쭈었습니다. '세존이시여! 어찌하여 보살이 복덕을 누리지 않습니까?' '수보리여! 보살은 자신이 지은 복덕에 탐욕을 내거나 집착하지 않기 때문이다. 그러므로 복덕을 누리지 않는다고 설한 것이다.'

세상에 드러내려는 의도된 보시는 복덕보다 번뇌를 더욱 키울 수 있다. 무한한 중생의 길을 반복할 수밖에 없게 될 것이다. 그러나 무아의 도리를 알아 인욕바라밀을 성취하면 부처가 되어 번뇌가 일어나지 않게 된다. 따라서 보시의 공덕과 인욕을 성취한 보살의 공덕은 비교할 수가 없다.

보살이 복덕을 누리지 않는다 함은 왜일까. 바라고 원하는 바가 있어야 누린다 한다. 보시를 하면서 원하는 바가 없는[無願] 무주상(無住上) 보시를 한다면 역시 무아의 도리를 깨쳤다고 간주한다. 무아를 성취하였다면 바라고 원하는 것보다 우선 생각이 일어나지 않는다. 자신이 지은 복덕이라 하지만 그 복덕에 탐욕을 내거나 집착하지 않는다.

  무아를 성취한 보살은 세간의 물질 또는 복덕 등을 탐하지 않는다. 보살은 과거, 현재, 미래의 법에 마음을 쓰지 않으며 붙잡지 않으며 분별하지도 않는다. 그러므로 복덕을 누린다거나 누리지 않는다 하는 생각이 없고 복덕의 관념조차 없다.

29. 위의는 적정하다(威儀寂靜分)

"수보리여! 만약 어떤 사람이 '여래가 혹은 오기도 하고 가기도 하며 앉기도 하고 눕기도 한다'고 말한다면 그 사람은 내가 말한 이치를 이해하지 못한 것이다. 왜냐하면 여래는 어디로부터 오는 것도 아니고 가는 것도 없으므로 그 이름을 여래라고 말하기 때문이다."

須菩提若有人言如來若來若去若坐若臥是人不解我所說義何以故如來者無所從來亦無所去故名如來

위의(威儀) 위엄이 있고 엄숙한 태도나 차림새.
적정(寂靜) 번뇌를 여읜 것을 적이라 하고 고(苦)가 끊어진 것을 정이라 한다. 곧 열반의 고요하고 편안한 모습을 말한다.

'수보리여! 만약 어떤 사람이 여래가 혹은 오기도 하고 가기도 하며 앉기도 하고 눕기도 한다고 말한다면 그 사람은 내가 말한 이치를 이해하지 못한 것이다. 왜냐하면 여래는 어

디로부터 오는 것도 아니고 가는 것도 없으므로 그 이름을 여래라고 말하기 때문이다.'

오기도 하고 가기도 하며 앉기도 하고 눕기도 한다는 것은 오거나 가고, 또한 앉거나 눕고 싶다는 생각이 일어나고 분별함으로써 일어나는 일들이다. 여래는 법신이므로 32상이나 어떤 형태로도 볼 수 없고 느낄 수 없다. 여래는 생각이 일어나지 않고[空] 분별하지 않으며[無相] 원하는 것이 없는[無願] 해탈의 모습이라 하였다.
따라서 여래는 중생들처럼 분별하지 않으므로 어디로부터 오고 가고 하는 생각을 하지 않는다. 생각이 일어나지 않는다고 생각 자체가 없는 것은 아니다. 여래의 마음은 움직이고 머물 생각이 없으므로 고요하고 적정한 마음자리에 있을 뿐이다.

30. 하나로 된 이치의 참모습(一合理相分)

"수보리여! 만약 선남자 선여인이 삼천대천세계를 부수어 작은 미세한 티끌로 만든다면, 그대 생각은 어떠한가. 이 작은 먼지들이 진정 많겠는가?"

"매우 많습니다. 세존이시여! 왜냐하면 만약 그 작은 먼지들이 실제로 있는 것이라면 여래께서는 작은 먼지들이라고 말씀하지 않으셨을 것이기 때문입니다. 그것은 여래께서 말씀하시는 작은 먼지들은 작은 먼지들이 아니라고 말씀하셨으므로 그 이름이 작은 먼지들이기 때문입니다.

세존이시여! 여래께서 말씀하신 삼천대천세계도 곧 세계가 아니고 그 이름이 세계이기 때문입니다. 왜냐하면 세계가 실제로 있는 것이라면 그것은 곧 하나로 된 모습입니다. 여래께서 말씀하시는 하나로 된 모습이란 곧 하나로 된 모습이 아니고 그 이름이 하나로 된 모습이기 때문입니다."

"수보리여! 그 하나로 된 모습이란 것은 실은 말할 수가 없는 것인데 다만 범부들이 그것을 탐내고 집착하기 때문이다."

須菩提若善男子善女人以三千大千世界碎爲微塵於意云何是微塵衆寧爲多不甚多世尊何以故若是微塵衆實有者佛則不說是微塵衆所以者何佛說微塵衆則非微塵衆是名微塵衆世尊如來所說三千大千世界則非世界是名世界何以故若世界實有者則是一合相如來說一合相則非一合相是名一合相須菩提一合相者則是不可說但凡夫之人貪着其事

'수보리여! 만약 선남자 선여인이 삼천대천세계를 부수어 작은 미세한 티끌로 만든다면 그대 생각은 어떠한가. 이 작은 먼지들이 진정 많겠는가?' '매우 많습니다. 세존이시여! 왜냐하면 만약 그 작은 먼지들이 실제로 있는 것이라면 여래께서는 작은 먼지들이라고 말씀하지 않으셨을 것이기 때문입니다. 그것은 여래께서 말씀하시는 작은 먼지들은 작은 먼지들이 아니라고 말씀하셨으므로 그 이름이 작은 먼지들이기 때문입니다.'

삼천대천세계란 수없이 많은 중생들이 사는 세계들을 말한다. 이 같은 삼천대천세계도 셀 수조차 없이 많은데 이 세계를 부수어 가루를 만든다면 그 가루는 상상할 수 없을 정도로 많다 할 것이다. 삼천대천세계를 가루로 내어 티끌을 만들었다는 내용은 중생들이 탐·진·치로 말미암아 끊임없이 일어나는 번뇌를 비유하는 의미이다. 이 번뇌들은 하나하나가 모두 생각들이고 그 생각들이 나름의 세계들이라 할 수 있다. 그러나 이 생각들이 모두 실체 또는 주체가 있는 것이 아니므로 세계라고 말할 수는 없다.

'세존이시여! 여래께서 말씀하신 삼천대천세계도 곧 세계가 아니고 그 이름이 세계이기 때문입니다. 왜냐하면 세계가 실제로 있는 것이라면 그것은 곧 하나로 된 모습입니다. 여래께서 말씀하시는 하나로 된 모습이란 곧 하나로 된 모습이 아니고 그 이름이 하나로 된 모습이기 때문입니다.' '수보리여! 그 하나로 된 모습이란 것은 실은 말할 수가 없는 것인데 다만 범부들이 그것을 탐내고 집착하기 때문이다.'

번뇌란 '나'라고 하는 아상에서 비롯되고 이 식(識)의 총합체인 장식(藏識)이 번뇌를 끊임없이 만들어내고 있다. 장식에 '나'라는 실체가 있는 것처럼 보이지만 오감을 초월하여 삼먁삼보리의 깨달음을 얻으면 홀연 주체라고 생각되었던 존재가 없어져 버린다. 그래서 내가 없다는 무아(無我)라 말한다. 이 상태를 하나로 된 모습, 즉 일심(一心)이라 말하지만 생각하는 작용이 없어졌으므로 일심이지만 일심이라 할 수도 없다.

사람들은 이 일심, 즉 무아의 자리가 구경지라 하므로 탐을 내고 집착을 한다. 시절의 인연이 미치지 못하여 안타깝다 하지만 한편 세상의 인연들, 또한 그 감미로운 감촉을 포기하려 하지 않는다.

자리를 지켜야 한다며, 할 일이 많다며 뒤로 미룬다. 성공을 하고 난 다음으로 미루고 좋은 사람과의 연을 끊을 수 없다고 미룬다. 심지어 수행으로 쿤달리니를 각성하여 삼먁삼보리의 깨달음이 눈앞에 있어도 달콤한 꿀맛을 뿌리치지 못하기도 한다.

세상의 모든 현상들이 꿈과 같다 하면서도 모든 것들이

엄연히 존재하고 있다고 사람들은 믿는다. 그러나 어느 날 뉘우치고 한탄하고서야 깨달음을 간절히 바라게 될 것이다. 어느 시절에 인연이 되어 하나 된 모습으로 그 안타까움이 사그라질까!

31. 지견은 일어나지 않는다(知見不生分)

"수보리여! 어떤 사람이 여래가 '자아가 있다는 지견, 개아가 있다는 지견, 중생이 있다는 지견, 수자가 있다는 지견'을 말했다고 한다면, 수보리여! 그대는 어떻게 생각하는가. 이 사람이 내가 말한 이치를 제대로 알았다 하겠는가?"

"아닙니다. 세존이시여! 그 사람은 여래께서 말씀한 이치를 이해하지 못한 것입니다. 왜냐하면 세존께서 말씀하신 자아가 있다는 지견과 개아가 있다는 지견, 중생이 있다는 지견, 수자가 있다는 지견은 곧 자아가 있다는 지견, 개아가 있다는 지견, 중생이 있다는 지견, 수자가 있다는 지견이 아니라고 말씀하셨습니다. 그 이름이 자아가 있다는 지견, 개아가 있다는 지견, 중생이 있다는 지견, 수자가 있다는 지견일 따름입니다."

"수보리여! 최상의 바른 깨달음에 마음을 일으킨 사람은 일체법에 대하여 이와 같이 알아야 하며, 이와 같이 보아야 하며, 이와 같이 믿고 이해하여 법이라는 상을 내지 않아야 한다. 수보리여! 법이라는 상을 여래는 곧 법이라는 상이 아니고 그 이름이 법이라는 상이라고 말할 뿐이다."

　須菩提若人言佛說我見人見衆生見壽者見須菩提於意云何是人解我所說義不不也世尊是人不解如來所說義何以故世尊說我見人見衆生見壽者見卽非我見人見衆生見壽者見是名我見人見衆生見壽者見須菩提發阿耨多羅三藐三菩提心者於一切法應如是知如是見如是信解不生法相須菩提所言法相者如來說卽非法相是名法相

　지견(知見) 의식에 의해 아는 것을 지(知)라 하며 안식(眼識)으로 보는 것을 견(見)이라고 하는데 이를 정지견(正智見) 또는 정견(正見)이라 한다. 유무(有無)의 모든 편견을 여읜 정중(正中)의 견해를 말한다. 욕락(慾樂)과 고행(苦行)의 극단을 떠난 중도(中道)이며 올바른 깨침으로 지견을 인도하기 위한 가장 합리적인 올바른 방법.
　사제(四諦) 네 가지의 진리 고집멸도(苦集滅道)를 말한다. 12연기를 교리적으로 조직화한 것이며 석존 최초의 설법에서 설한 것이다. 첫째 고(苦)는 미혹의 이 세상이 다 고(苦)이다. 둘째 고(苦)의 인(因)은 구하고 탐하여도 그치지 않는 집착(執着)이다. 셋째 집착을 완전히 끊어 없애버림으로써 고를 멸할 때가 궁극의 이상경(理想境)이다. 넷째 고가 없는 열반의 경지에 도달하기 위해서는 8정도의 옳은 수행의 길을 따라야 한다는 가르침이다.

　'수보리여! 어떤 사람이 여래가 자아가 있다는 지견, 개아가 있다는 지견, 중생이 있다는 지견, 수자가 있다는 지견을 말했다고 한다면 수보리여! 그대는 어떻게 생각하는가. 이 사람이 내가 말한 이치를 제대로 알았다 하겠는가?' '아닙니다. 세존이시여! 그 사람은 여래께서 말씀한 이치를 이해하지 못한 것입니다. 왜냐하면 세존께서 말씀하신 자아가 있다는 지견과 개아가 있다는 지견, 중생이 있다는 지견, 수자가 있다는 지견은 곧 자아가 있다는 지견, 개아가 있다는 지견, 중생이 있다는 지견, 수자가 있다는 지견이 아니라고 말씀하셨습니다. 그 이름이 자아가 있다는 지견, 개아가 있다는 지견, 중생이 있다는 지견, 수자가 있다는 지견일 따름입니다.'

 사람들은 아상과 인상, 중생상, 수자상 등 사상(四相)의 틀에 맞춰 '나'라는 의식을 일으키고 나를 내세운다. 사상의 틀에 얽매이면 중생이고 이 틀을 벗어나면 부처가 된다. 여래께서 사상을 말씀하신 것은 반야의 지혜를 깨우쳐 주고자 한 것이다. 그러나 중생은 그 뜻을 알지 못하고 '나'라는 의식을 일으키는 생각에 머물렀다면 여래께서 말씀하신 의미를 이해하지 못한 것이다.
 여래께서 '나'라는 지견과 남이라는 지견, 중생이라는 지견, 수명에 대한 지견을 설하신 것은 '나'라는 의식 배후에 불성(佛性)이 있음을 깨우쳐 주기 위한 것이다. 불성은 부처의 본성(本性)이므로 이를 증오하면 부처가 될 가능성이 있음을 말한다.

'수보리여! 최상의 바른 깨달음에 마음을 일으킨 사람은 일체법에 대하여 이와 같이 알아야 하며 이와 같이 보아야 하며, 이와 같이 믿고 이해하여 법이라는 상을 내지 않아야 한다. 수보리여! 법이라는 상을 여래는 곧 법이라는 상이 아니고 그 이름이 법이라는 상이라고 말할 뿐이다.'

부처는 어떻게 하면 이룰 수 있는가. 금강경은 우선 지견을 말한다. 지견은 정견(正見)인데 이 바른 견해를 얻기 위해서는 고(苦)·집(集)·멸(滅)·도(道) 사제(四諦)의 진리를 터득해야 한다고 가르친다. 이 네 가지 진리를 터득하면 내가 '나'이지만 내가 아닌 그 이름이 '나'일 뿐인 무아의 경지로 승화시켜 준다 하였다.

그런데 사제의 진리를 터득하려면 사람의 정상적인 지견으로는 거의 불가능하다. 그 해법으로 이 31분에서는 사제의 진리 터득은 아뇩다라삼먁삼보리의 최상의 바른 깨달음에 의해서만 가능하다고 설명하고 있다. 즉 쿤달리니를 이용해 공부하면 수행자는 이를 알게 되며 그렇게 믿고 이해하여 법이라는 상이 없게 된다는 것이다. 노력함으로써가 아니라 저절로 이뤄진다는 뜻이다.

최상의 바른 깨달음을 얻고자 하는 자, 즉 부처가 되려는 자는 세상의 모든 것을 이와 같이 알고, 이와 같이 보며, 이와 같이 이해하여 법이라는 생각마저 내지 않아야 한다고 하였다. 그러면 일체법에 대하여 이와 같이 보면서 알고 법이라는 분별마저 사라지는 경지는 어떤 단계에서 이뤄질까.

이 경지는 전의를 시작으로 초월을 지나 무상삼매의 수순에 들어서야 무아(無我)를 증오(證悟) 하면서 얻어진다. 최상승의 보살의 경지라면 새벽별과 같은 아뢰야식의 '나'를 보는 경지이지만 무상삼매부터는 부처의 경지라 말할 수 있다.

이 경지에서는 무념과 무상, 무주가 의식 그 자체이다. 일체법에서 모든 시비를 가리지 않고 있는 그대로 쳐다보게 될 것이다. 마지막까지 세존께서는 상과 관념에 얽매이지 않고 자유로워지기를 당부하고 있다.

32. 응화신은 진실이 아니다(應化非眞分)

"수보리여! 만약 어떤 사람이 한량없는 아승기 세계에 칠보를 가득 채워 보시한다고 하자. 또 보살의 마음을 낸 어떤 선남자 선여인이 이 경을 지니되 사구게만이라도 받아 지니고 읽고 외워 다른 사람을 위해 연설해 준다고 하자. 그러면 이 복이 저 복보다 더 뛰어나다. 어떻게 남을 위해 설명해 줄 것인가. 설명해 준다는 상에 집착하지 말고 흔들림 없이 설명해야 한다.

왜냐하면 '일체 모든 유위법은 꿈, 허깨비, 물거품, 그림자, 이슬, 번개 같으니 이렇게 관찰할지라.'"

부처님께서 이 경을 다 설하시고 나니, 수보리 장로와 비구, 비구니, 우바세, 우바이와 모든 세상의 천신, 인간, 아수라들이 부처님의 말씀을 듣고 매우 기뻐하며 믿고 받들어 행하였습니다.

須菩提若有人以滿無量阿僧祇世界七寶持用布施若有善男子善女人發菩提心者持於此經乃至四句偈等受持讀誦爲人演說其福勝彼云何爲人演說不

取於相如如不動何以故一切有爲法如夢幻泡影如露亦如電應作如是觀佛說是經已長老須菩提及諸比丘比丘尼優婆塞優婆夷一切世間天人阿修羅聞佛所說皆大歡喜信受奉行

응화(應化) 불보살이 중생을 구제하기 위하여 여러 가지 모습으로 몸을 나타내어 교화하는 것.

응화신은 중생들을 교화하기 위해서 때에 맞춰 나타난 모습으로 화신(化身), 보신(報身), 응신(應身) 들을 말한다. 응화신은 필요에 따라 나타난 부처이므로 진리 그 자체인 법신과는 차이가 있다. 화신과 보신은 열반을 이뤘지만 과거의 업보로 받은 육신이 아직 살아 있으므로 유여(有餘) 열반이라 하며 법신이 세상에 나타난 모양이라 하여 화현(化現)이라 한다. 그러므로 불보살이라 하더라도 응신과 화신은 진리 그 자체는 아니라는 의미이다.

'수보리여! 만약 어떤 사람이 한량없는 아승기 세계에 칠보를 가득 채워 보시한다고 하자. 또 보살의 마음을 낸 어떤 선남자 선여인이 이 경을 지니되 사구게만이라도 받아 지니고 읽고 외워 다른 사람을 위해 연설해 준다고 하자. 그러면 이 복이 저 복보다 더 뛰어나다.'

어떤 사람이 한량없는 천만억 세계에 칠보를 가득 채워 보시한다고 하면 이 공덕은 역시 무한 무량하지만 이 보시의 한계는 삼계육도에서나 사용하는 유위(有爲)의 공덕이다. 그러나 어떤 사람이 깨달음에 발심하여 금강경의 사구게나마 다른 사람에게 설명하여 주면 이는 무위의 공덕이니 칠보를 보시한 사람의 공덕과는 비교할 수조차 없다.

보시는 공덕이 무량하지만 삼계육도에서나 통용될 수 있는 유위의 공덕이라 하였다. 이 유위의 공덕에 대해 알아보자. 대장장이 아들 춘다가 올린 공양을 마지막으로, 세존께서는 입멸하였다. 세존께서는 춘다 때문에 중병을 얻어 열반에 이르게 되었다는 사람들의 비난을 무마하고자 다음과 같이 읊으신다.

'베푸는 사람에게 복은 증가하고 자재로운 사람은 원망하지 않으며

선한 사람 나쁜 과보 받지 않고 탐진치는 다하여 열반에 들게 되리.'

세존께서는 '그 보시의 공덕으로 장수(長壽)하게 되며, 좋은 태어남을 성취하며, 안락함을 얻으며, 명성을 얻으며, 혹은 천계(天界)로 나아가게 되며, 왕후(王侯)로 나아가는 선업을 쌓을 것이다'라고 말씀하신다.

삼계육도에서 사람이 사는 데 보시로 하여 이 정도의 과보라면 최상일 것이다. 그러나 사구게나마 다른 사람에게 설명하여 주면 이는 무위의 공덕이니 부처님을 지성껏 시봉하는 공덕이나 어떤 재물을 보시하는 공덕보다 비교조차 할 수 없다고 하였다.

삼계육도에서 가장 복 많이 받고 사는 중생이라도 해탈지에 오르고자 이제 발심하는 공덕과 역시 비교할 수조차 없다 하였다. 따라서 보시하는 공덕도 게을리하지 말고 반야의 무위 공덕도 부지런히 쌓아야 하겠다.

'어떻게 남을 위해 설명해 줄 것인가. 설명해 준다는 상에 집착하지 말고 흔들림 없이 설명해야 한다. 왜냐하면 일체 유위법은 꿈, 허깨비, 물거품, 그림자, 이슬, 번개 같으니 이렇게 관찰할지라.' 부처님이 이 경을 다 설하시고 나니 수보리 장로와 비구, 비구니, 우바세, 우바이와 모든 세상의 천신, 인간, 아수라들이 부처님의 말씀을 듣고 매우 기뻐하며 믿고 받들어 행하였습니다.

    어떻게 남을 위해 반야의 지혜를 설명해 주어야 할까. 우선 그 사람의 근기에 맞게 법을 설명해야 한다. 상이나 관념, 집착을 떠나서 상세히 설명해 주어야 한다. 상이나 관념 집착을 떠나는 일이 어떻게 가능할까.
    금강경에 나열된 아상 등 자의식을 버리고 오감과 마음의 대상에 머물지 말며 형상과 관념에 얽매이지 말라는 가르침은 수행자를 포함하여 정상적인 사람이라면 결코 성공할 수 없는 일이다. 왜냐하면 생각으로써 생각의 한계를 넘어설 수 없기 때문이다. 금강경은 그 해결 방법으로 아뇩다라삼먁삼보리의 깨달음을 제시하고 있다.
    쿤달리니를 일깨우고 명상을 통해 수행한다면 바로 금강경이 말하는 생각이 일어나지 않고[空·無念], 분별하지 않으며[無相], 바라지 않으므로 집착하지 않는[無願·無住] 아뇩다라삼먁삼보리의 깨달음을 얻어 삼해탈에 도달하게 된다.
    따라서 세상의 모든 만상과 질서가 이렇다 할 주체 없이 텅 빈 것을 깨닫고 한바탕 큰 웃음을 터트리거나 쓸쓸하고 허전한 마음이 된다. '모든 것들이 참으로 꿈만 같고 허깨비, 물거품, 그림자와 같은 것들이로구나! 아, 참으로 이슬과 같고 번개처럼 지나가는구나!

　이것이 바로 존재하는 온갖 모습들은 모두 허망한 것이니 만약 참모습을 보면 곧 여래를 보리라는 사구게가 말하는 실상을 보는 것이다.

　그러나 무위의 경지에 이르지 못한 수행자들은 이처럼 보이지는 않겠지만 이와 같이 보고 관찰해야 할 것이다. 눈앞에서 일어나는 일은 실상 같지만 실상을 보는 것은 결코 쉽지 않다. 오감으로 보는 것이 실상이 아니고 제8식 아뢰야식이 멸진되어 제9식인 암마라식으로 승화되어야 비로소 보이게 된다.

　공부하고 공부해야 한다. 공부하면서 그래도 세상일에 간섭하고 싶거나 분별하고 싶은 마음이 일어나거든 '냅 둬, 관 둬, 쳐다 봐'를 되뇌며 생각을 더욱 다잡아야 할 것이다.

대자유인의 길

1. 부처의 개념
2. 금강경과 반야심경
3. 반야의 수행과 쿤달리니
4. 무아와 참 나
5. 색, 무, 공
   1)색 2)무 3)공

1. 부처의 개념

　부처의 의미를 정의하거나 그 개념을 논한다는 것은 결코 쉬운 일이 아니다. 그러나 금강경이나 반야심경 등 반야경전을 읽고 이해하기 위해서는 경전에서 말하는 부처에 대한 기초개념 정도는 알아두어야 할 필요가 있다. 반야경전은 부처의 세계를 말과 글로 묘사한 경전이기 때문이다.

부처를 표현하는 수식어는 상당히 다양하다. 그러나 일반적으로 부처하면 해탈이나 열반, 구경각이란 단어가 떠오른다. 해탈이나 열반, 구경각을 성취하면 부처, 불타 또는 여래라 하기 때문이다.

해탈은 무엇인가. 마음을 번거롭게 하고, 어지럽히고 고통스럽게 하는 인간의 정신작용인 번뇌로부터 해방되는 것을 말한다. 열반이란 범어 니르바나의 음역(音譯)으로, 타오르는 번뇌의 불길 즉 탐욕, 증오, 망상, 집착 등의 정신작용이 모두 깨끗이 사그라져 소멸된 상태, 즉 생각이 떠오르지 않는 경지를 말한다.

구경각은 번뇌가 일어나지 않는 경지를 체득하는 최상의, 궁극적인, 완전한 깨달음이라는 의미로 해탈이나 열반의 뜻과 같다. 수행을 통해 사려 분별작용인 번뇌가 일어나지 않는 경지를 이루면 최상의 완전한 깨달음을 체득하는 것이고 이같이 최상의 깨달음을 성취한 성자(聖者)들을 가리켜 부처, 불타, 각자라 하는 것이 불교 경전들의 견해이다. 경전과 논서(論書)들에 '생각이 일어나지 않는' 부처의 경지에 대해 설명한 견해들에 미묘한 차이점이 있어 정리할 필요성을 느낀다.

'일심의 움직임에 잘 주의하면 마음에는 애초부터 망념의 비롯함이 없다. 이것은 미세한 망념의 움직임을 멀리 떠난 것이다. 마음의 미세한 움직임이 없음을 보면 마음은 항상 안주한다. 이를 구경각이라 한다.' (大乘起信論)

'모든 생각이 고요해지면 자기 본성을 철저히 증득하게 되니 그것이 견성이며 돈오이며 성불이다.'
'극히 미세한 망상인 삼세(三細)까지 남김없이 없어지면 자연히 구경무심에 도달하니 이것이 견성이며 성불이다.'
'번뇌 망상이 진여불성을 가리고 있으므로 본성을 보려면 이를 제거하여야 한다. …견성은 제8 아뢰야식인 삼세를 영원히 끊어야 한다. 이것이 무여열반이고 즉 무심이다.'

이상 네 가지 글은 고승 대덕들의 견해이다. '마음의 미세한 움직임이 없음을 보면' '생각이 고요해지면' '미세한 망심인 삼세까지 남김없이 없어지면' '삼세를 영원히 끊어야'라고 하여 생각이 끊어진 상태를 최상의 경지라 주장하고 있다.

이같이 생각이 끊어진, 다시 말하면 번뇌를 없앤 경지는 마음과 마음의 작용이 모두 단절된 정으로 무상정이나 멸진정이라 하고 이 둘을 이무상정이라 한다. 이 자리는 구경지 또는 견성의 경지는 아니다.

이 경지는 선가에서 말하는 돈오나 '인생 일대 한 번뿐인 특이한 체험' 또는 '백척간두 진일보' '크게 죽었다가 살아나는'이라 표현되는 인간 의식의 한계인 오감 초월의 문턱 앞에 도달하였을 때이다.

고타마가 출가하여 두 스승을 모시고 수행하여 이뤘던 경지가 바로 이 무상정과 멸진정의 경지였다고 한다. 그 공통점은 명상하는 동안 마음의 작용이 정지된다. 즉 생각이 끊어진 상태에서 오롯하게 황홀경에 휩싸인 자리이다. 당시 수행자 단체들은 이 경지에 들면 자아가 속박의 굴레로부터 해방되는 구경지라 여겼다고 한다.

그러나 마음의 작용이 단절된 고타마는 이 자리가 절대적인 '참 나'의 자리이며 구경지라고 하는 데 회의를 느낀다. 더구나 스스로를 돌아보면 어제와 별로 달라진 바가 없음을 알았을 것이다. 또 이 경지에 올라서 체득한 앎이나 깨달음도 대수롭지 않음을 느꼈을 것이다. 그는 결국 스승을 떠나 다시 수행의 길로 들어선다.

'비록 번뇌를 끊어도 대열반이 아니며 불성을 보며 번뇌가 생기지 않음이 대열반이며 상락아정이니라. 오온 육십이견 백팔번뇌 십사번뇌를 끊으면 대열반이 가까워지느니라.'
〈大般涅槃經〉

意識若轉依	의식이 만약 전의하면
心則離濁亂	마음은 혼탁하고 어지러움 떠나리니
我說心爲佛	이 마음이 곧 부처이며
覺了一切法	일체법을 깨닫느니라. 〈楞伽經〉

열반경은 번뇌를 끊은 상태는 열반이 가까워졌다고 했을 뿐 열반이 아니라고 지적한다. 이 자리는 돈오 즉 전의의 문턱 앞에 가까이 다가선 이무상정의 경지를 의미한다. 따라서 번뇌를 없앤 상태에서 '불성을 보며 번뇌가 생기지 않음'이 열반이라 밝히고 있다.

'불성을 보며'라는 의미는 석가모니가 새벽에 샛별을 보고 성도하였다고 전하는데 열반경은 샛별과 같은 수행 단계에서의 체험을 요구하고 있다. 팔상록의 명상에서의 새벽별과 같은 상징물에 대한 체험 기록은 능가경에서도 마찬가지다.

쿤달리니를 통한 명상에서는 석가모니처럼 초월 경지의 정점에서 '나'라고 인식되는 샛별과 같은 이미지의 체험을 하게 된다.

초월은 공(空)세계에 진입하였음을 의미한다. 쿤달리니 완성에서 끊어지기 시작한 생각이 초월에서는 점차 일어나지 않는 상태가 된다. 수행을 계속해 나가 '무아'를 체득하는 자리에 들면 '번뇌가 생기지 않음'이라는, 생각이 일어나지 않는 경지에 들어서게 된다.

둘째 능가경의 게송에 '전의(轉依)하면 혼탁하고 어지러움 떠나리니'에서 '전의'라는 낱말이 보인다. 전의는 번뇌장, 소지장을 끊고 돈오를 이뤄 의식이 전도된 현상을 의미한다.

이 전의를 선가에서는 견성, 돈오, '백척간두 진일보한' 자리라 하여 도를 이룬 경지 등으로 표현하고 있다. 이 자리는 인간 의식의 한계를 넘어 선 곳인데 이를 어떤 학자는 의식의 전도(顚倒·invert) 또는 통과의례라고 표현하는 경우도 볼 수 있었다.

무상정과 멸진정의 자리에서 좀 더 나아가면 의식이 전도되는 전의한 자리에 도달한다. 그런데 이무상정에 다다랐다 하여 모두 의식이 전도되는 것은 아니다. 현재까지 전해오는 정신 집중법이나 의념을 통한 수행법으로는 이곳을 넘어가기가 거의 불가능하다.

그래도 드물지만 몇몇 수행자들은 운 좋게 전의의 경지를 경험한 것 같다. 그것도 한 번뿐이다. '인생 일대 한 번뿐인 특이한 체험'이라는 어구가 여기저기서 보이는 것으로 보아 현 수행체계에서는 '한 번뿐'인 것이 통설로 굳혀진 듯하다.

이무상정의 자리에서 의식을 전도시키기 위해서는, 다시 말하면 의식의 한계를 뛰어넘기 위해서는 특단의 수련법이 필요하다. 집중법이나 의념법은 인간 의식체계 한계 내의 한 부분이다. 이 방법들은 아무리 효율적으로 또는 극단적으로 활용하더라도 의식체계의 한계를 벗어나기가 쉽지 않다.

불교에서 사용하였던 수행법을 살펴보면 정신적 초월을 뒷받침할 육체적 차원의 행법은 발견할 수 없다. 집중과 의념만을 강조하고 있다. 게다가 '특이한 한 번뿐인 체험'이라는 말에 이의를 제기하거나 부정하는 사람을 찾을 수 없다. 수행하는 방법이 근본적으로 잘못되어 있거나 아니면 아직도 수행의 경로를 찾지 못하고 방황하고 있다는 증거이다.

전의, 돈오를 한다는 것은 인간의 의식작용에 혁명적 변화가 일어난다는 의미이다. 정신에 엄청난 변화가 이루어지기 위해서는 육체가 이를 뒷받침하여야 한다. 훌륭한 건물을 짓기 위해서는 그 건물을 지탱해 줄 기초공사가 튼튼해야 하는 것과 같다.

그런데 전의를 하기 위해 공부하는 현재의 수행체계는 의식 위주의 절름발이 체제다. 당연히 오감의 한계를 넘어설 수 없기 때문에 하는 사람은 많아도 했다는 사람은 거의 보이지 않는 것이다.

또한 희귀하게 전의했다고 하는 수행자들이 '체험이 한

번뿐'이라고 말하는 것은 육체와 정신이 조화롭게 변화를 감당할 수 없으므로 '한 번뿐'에서 더 이상 한 걸음도 나아갈 수 없다는 의미이기도 하다.

　기초의 부실공사는 처음부터 집을 지을 수 없거나 지어도 뒤틀려 작업을 더 이상 진행할 수 없음과 마찬가지로 육체를 도외시한 수행도 인간의 한계를 넘을 수 없다. 설령 넘는다 해도 잠깐 맛만 볼 뿐이다. 그나마 고강도의 체험으로 인한 그 폐해는 고스란히 몸이 넘겨받아 건강이 부실해지는 원인이 된다.

　옛날 인도에서 중국으로 전해진 수행법들을 살펴보면 비교적 정확한 법들이 있었음이 발견된다. 미묘한 육체적 수련과정을 풀어가려고 무척 노력하였을 것이다. 그러나 아무리 노력해도 긍정적인 결과가 보이지 않자 석존의 가르침은 한 쪽으로 밀쳐둔 채 같은 효과를 낼 수 있는 그들 나름의 다른 방법을 찾아 헤매게 된다. 그 대안으로 창안한 것이 묵조선이며 간화선이다.

　열반경이나 능가경은 부처됨의 기본 조건으로 오감(五感) 즉 의식의 한계를 초월해야 하고 생각이 일어나지 않아야 한다고 말하고 있다. 생각이 끊어짐과 생각이 일어나지 않음은 참으로 미묘하다. 어떤 차이일까.

　끊임없이 일어나던 생각이 쿤달리니가 완성되고 이무상정에 가까워지면 우선 명상하는 동안 생각과 생각 사이의 간격이 조금씩 벌어지는 것을 느끼게 된다. 시간이 지나면서 명상 중에는 물론 생활하는 가운데서도 상당한 간격을 두고 생각이 끊어져 있음을 알게 된다. 그러나 일이 생기거나 대상이 있으면 즉시 생각이 되살아난다.

　이때의 생각은 이전과 마찬가지로 머리에서 일어난다. 이 무상정의 경지에서는 사리판단이나 사고능력이 아직 머리에서 그대로 작용, 유지되고 있다. 비록 상당한 시간 동안 생각이 끊어지기는 하지만 여전히 머리에서 생각이 일어나므로 생각이 일어나지 않는 자리라 할 수 없다.

　이무상정에서 의식이 전도되어 돈오 또는 전의의 자리에 들어섰다고 하여 바로 생각이 일어나지 않는 것은 아니다. 견성하면 확철 대오한다 하여 더 이상 공부할 것이 없는 구경지라고 주장하는 수행자도 있다.

　돈오, 즉 의식이 전도되었다는 것은 이제 겨우 초월의 문턱을 넘어섰다는 의미임은 앞에서 말한 바와 같다. 공부가 모두 끝난 것이 아니라 상대적인 차원에서 벗어나 이제 절대적인 차원에서 새롭게 공부를 시작해야 하는 출발점에 선 것이다.

　돈오하였다 하여 무아(無我)를 단번에 깨닫는 것이 아니다. 상당한 시간과 노력이 필요하고 몇 단계 과정이 있다. 무아를 증득하는 단계가 있고 또한 진아를 체험하는 자리가 있다. 이 모든 과정을 완성했다 하더라도 궁극적인 진리를 갑자기 순식간에 터득하는 것은 아니다. 그 효과는 천천히 상당한 세월을 두고 내면으로부터 우러나듯 이루어진다.

　돈오든 전의든 이 자리는 이제 겨우 공(空)세계의 문턱을 넘어선 것에 불과하다. 초월의 문에 들어선 후 상당 기간 명상을 통해 의식의 전도가 계속 반복되면서 생각이 끊어지는 간격이 점점 늘어나고 결국 머리에 생각이 텅 빈 상태가 된다.

끊임없이 이어지던 생각이 끊어진다는 것도 불가사이한 일인데 생각이 일어나지 않는 현상은 상상하기 어렵다. 사람이 살아있음은 생각이 있기 때문이다. 생각이 '나'라고 하는 주체의식이고 자의식이며 행동으로 표출되는 주체이기 때문이다. 생각이 일어나지 않는다면 일반적인 상식으로는 정상적으로 살아있는 사람이라 할 수 없다.

생각이 일어나지 않는 경지는 무아를 체험하면서부터의 현상이다. 이미 생각이 끊어진 상태에서 나아가 생각이 일어나지도 않는다. 바로 적멸이고 진공(眞空)이다. 이 경지부터 실생활에서도 머리가 생각하고 판단하는 기능이 정지된다. 머리의 사고 기능이 마치 정지된 것처럼 여겨진다. 사려판단 기능이 없어도 살아가는 데는 전혀 불편함이 없다. 경전에 후득지(後得智)라는 말이 보인다.

후득지의 사전적 의미는 진리를 깨달은 후 각자가 세상을 사는 데 필요한 분별작용을 일으키는 지혜이다. 이 의식작용은 머리에서 일어나는 것이 아니라 마치 가슴에서 우러나는 것처럼 느껴진다. 분별작용이라 했지만 사리를 분별함이 없이 바로 말과 행동으로 나타난다. 사물을 대하거나 무엇을 할 의지가 필요한 경우에는 생각이 일어나지 않으면서 저절로 인식되고 상황에 맞추어 주저하지 않고 바로 말하고 행동하며 시의적절하게 대처한다.

6조 혜능이 산문(山門)을 열면서 '무념(無念)을 들어 종지(宗旨)를 삼고 무상(無相)으로 본체(本體)를 삼고 무주(無住)

로써 근본(根本)으로 삼는다'라고 선언한다. 혜능은 왜 무념과 무상, 무주를 자신이 세운 선종의 기본 이념으로 삼았을까.

구경각에 이른 각자들은 앞에서도 설명했듯이 생각의 떠오름 자체가 없으므로 무념이다. 혜능은 이 '생각이 떠오르지 않음'을 종지로 삼는다 하였다.

상(相)이란 우리가 세상에서 보는 모든 사물들의 모양이나 특성, 상태 등을 의미하는 말로 이미지로 형상화된 의식 작용, 사리를 판단하고 분별하는 작용을 의미한다. 그런데 무념, 즉 생각이 일어나지 않으면서 분별 작용도 정지된다.

주(住)는 '머무르는 곳'이란 의미로 집착의 뜻으로 쓰인다. 불경에서 지혜란 사물에 대한 집착으로부터 해방시켜 주는 앎을 말한다. 지혜를 터득한 각자는 사물의 실체를 환상이나 꿈처럼 본다. 때문에 귀하고 천하고 좋고 나쁘고 예쁘고 미움이 없다. 마음이 끌릴 일이 없고 마음에 새겨두거나 얽매일 일이 없으며 집착이 있을 수 없다. 이 현상이 무주인데 생각이 일어나지 않음과 동시에 무상과 함께 일어나는 것 같다.

무념·무상·무주 이 말들은 표현이 조금씩 다를 뿐 같은 내용이다. 구경각을 성취한 각자라면 누구나 마음의 상태와 그 쓰임이 이와 같아야 한다는 것이 능가경이나 금강경, 반야심경 등 반야경들의 한결같은 주장이다.

참으로 무엇에도 걸림이 없는 대자유인이다. 따라서 혜능이 세운 기본 이념인 부처가 되기를 서원하여 공부하자는 것이 산문을 개설한 이유임을 알 수 있다.

이상 부처의 의미에 대한 간단하지만 기초적인 설명들을 통해 부처의 이러한 의식구조의 형태를 염두에 두고 반야경전들을 공부한다면 비록 직접 체험할 수는 없다 하더라도 이해하는 데 큰 도움이 될 수 있기를 바란다.

2. 금강경과 반야심경

금강경과 반야심경은 방대한 반야부 경전들의 반야 공사상을 압축해서 설한 경전으로 선종의 대표적 경전이다. 우리나라에서도 보조국사 지눌이 소의경전으로 삼은 이후 가장 많이 독송하는 경전이다.

세존 입멸 후 불교는 상좌부, 대중부 등 여러 파벌로 갈라져 있다가 BC 2세기경 브라만교가 토속신앙을 흡수하여 힌두교로 부흥하면서 불교가 쇠퇴하자 종교개혁운동이 일어난다. 이 개혁운동으로 형성된 사상이 대승불교이고 이때 개혁세력들이 내세운 기치가 반야 공사상이었다.

초기 대승불교는 교단이나 지도자의 유무가 분명치 않지만 크게 융성했고 방대한 대승경전들이 저술되어 현재에 이른다. 이 반야경전들은 1차 결집에서 만들어진 경전들과는 사상적 기틀이 확연히 다르다.

경전이라면 세존이 설한 법문들을 정리하여 모은 것이지만 대승의 반야경전들은 불멸 후 4-5백년쯤에 만들어졌다. 아함경의 세계와 반야경의 세계는 무대가 확실히 다르다. 아함경에서는 삼계육도의 중생계가 그 주요 무대이지만 반야경의 무대는 초월의 세계 즉 열반세계의 이야기이다. 차원이 다른 세계이므로 형식이나 사상적 기틀 역시 다르다.
 따라서 반야경전들은 위경(僞經)이라는 논란이 현재까지 이어지고 있다. 그러나 아함경의 여러 부분에 무아와 공에 대해 간단히 설한 근거가 있다. 이를 근거로 무아・공사상은 곧 반야세계의 핵심논리이므로 아함경이 후시대의 불교, 즉 대승불교의 공사상과 연결된다고 하는 것이 당연하다 할 것이다.
 세존은 명상수행으로 도를 이룬 분이다. 샛별을 보았다는 자리가 바로 공의 자리이지만 전의 정도의 초기단계를 약간 지난 경지이다. 그러므로 공에 대해 설하였다는 것은 당연한 일이고 아함경이 이를 뒷받침한다. 다만 단편적으로는 이해했다 하더라도 제자들이 결집을 위해 스토리를 만들 정도로 공을 이해하거나 체득하지는 못하였을 것이다.
 따라서 1차 결집에서 제외되었을 것이다. 제자들이 공에 대한 개념을 직접 체득하고 증오하지 않으면 알 수 없다. 머리로 이해하는 차원이 아니기 때문이다. 그렇다면 대승불교운동에서 나온 능가경이나 금강경, 열반경 등의 반야부는 어떻게 만들어졌을까.
 2차 결집 때 실경(實經)이 아닌 창작경이 다수 출현하였다고 학자들은 보고 있다. 금강경은 3차 결집 후인 기원전 1-2세기경 잡아함경을 재조명해서 쓴 문답식의 창작경이라 하였다.
 창작경이라 하지만 각자들이 있었기 때문에 세존의 연기론이나 무아사상을 계승 발전시켜 능가경과 금강경을 비롯한 많은 반야부가 나왔을 것이다. 앞에서도 언급했듯이 천

재라 하더라도 공의 세계는 인간 사고의 범주 밖의 일이므로 연구나 창작으로써 만들 수는 없기 때문이다.

이 반야경들은 심오한 명상 가운데서 행(行)과 증(證)을 통해 이룬 깨달음이 우리나와 표출된 현상들을 기록한 경이다. 인간의식의 한계를 훌쩍 뛰어넘은 열반경지를 서술한 것이다. 따라서 금강경을 비롯한 반야경들은 부처의 경지에 오른 각자들의 의식세계에 각자들이 직간접으로 관여하여 만든 작품들이라 할 수 있다.

3. 반야의 수행과 쿤달리니

석가세존께서 무상(無常)·고(苦)·공(空)·무아(無我)를 내세워 중생구제에 나선 지 어느덧 2천5백년이 흘렀다. 중국에 불교가 들어간 것은 세존 입멸 후 5백년이 지난 무렵이라 한다. 동남아 지역에는 중국보다 2백년 먼저 아함불교가 전해졌으며 중국은 타크라마칸 사막에 막혀 늦게 전파되었는데 당시 인도에 반야불교가 한창 성한 시기여서 바로 반야불교가 들어가게 된 것이다.

중국에서 처음 간행된 금강경은 AD 402년 구마라집이 번역한 사위국본(舍衛國本)이었다. 1백년쯤 세월이 흐른 뒤 이를 양무제의 아들 소명태자가 이해하기 쉽게 32장으로 분류하고 각장마다 소제목을 붙여 출간한 것이 오늘 우리가 보는 금강경이다.

달마대사는 520년경 중국에 들어가 면벽 9년으로 상징되는 명상법을 가르치고 능가경을 소의경전으로 삼아 중생들을 제도한다. 능가경은 2조 혜가를 거쳐 5조 홍인에 이어 신수에 이르는 선종 최초의 소의경전이었다.

신수는 달마선을 수행법으로 삼고 능가경에 의지한 점수선(漸修禪)을 주장하였다. 혜능은 이에 맞서 공(空)사상을 내세우고 금강경을 위주로 원돈선(圓頓禪)을 개설한다. 이외에도 열반경과 유마경 등의 경전이 능가경, 금강경과 함께 애송되던 대승경전들이다.

세존의 가르침은 신을 믿고 의지하는 여타 종교들과 달리 수행을 통해 수직상승, 부처를 이루자는 것이 근본 취지이다. 금강경 등 반야경전들은 최상의 경지를 터득한 각자의 의식구조나 그 경지에 도달하는 방법들을 서술한 책이다. 이 경전들이 전해졌다면 당연히 그 상세한 수행방법들도 함께 들어왔을 것이다.

중국이 불교를 받아들인 지 2천년이 되었다. 반야경전들과 함께 들어온 수행방법인 지관법(止觀法)이 한 시대를 풍미하다 사라진 다음 지관법을 나름대로 다듬고 가꾸어서 묵조선(默照禪)이라는 이름으로 세상에 선을 보였다.

깨달음이란 목표를 향해 갈고 닦는다는 지관법이나 이미 완성한 깨달음을 확인하기 위해 노력한다는 묵조선도 공부하기 쉽지 않았던 듯하다. 아무리 열심히 수행하고 또한 가능할 만한 방법들을 새롭게 창안하여도 반야경의 가르침에 접근할 수 없다는 것을 인정하지 않을 수 없었던가 보다. 그래서 또 다른 형태로 만들어낸 것이 화두법(話頭法)이다.

화두법은 우선 공부하는 데는 지관법이나 묵조선법에 비해서 어려움이 적은 것처럼 보인다. 앉아서도, 누워서도, 길을 가면서도 할 수 있어 형식이 보다 자유롭다. 명상하는 방법도 독좌하는 것도 아니고 고도의 집중을 요하지도 않는다. 적당한 집중이 가미된 의념법이어서 쉽게 접근할 수 있다. 누구나 도전해 볼 만한 방법인 것 같다.

화두법은 사실 전문적인 수행법을 일반화한 것이어서 하향 평준화된 것이다. 명상법인 것은 틀림없지만 세존이 교시한 방법과는 유사점을 찾기 어렵다. 아무튼 사람들이 흥미를 느껴 저변이 확대되었고 오늘날에도 여전히 많은 사람들이 도전하고 있다.

견성을 하였다는 조사나 선사들에 대한 기록은 여기저기에서 많이 발견되고 있어서 견성의 자리에 대한 기술은 표현들이 약간 다르기는 하지만 비교적 소상하게 나와 있다. 그런데 견성의 자리를 '단 한 번만의 특이한 체험'이라고 말한다.

부처와 동격 의미인 조사라는 단어까지 창조하여 군림한 사람들은 여러 명이 있는데 반야경전에 비견할 만한 중국판 반야경전은 보이지 않는다. 또한 반야경전들에서 보듯 공(空)을 마음대로 굴리는 사람도 볼 수 없다. 마치 탤런트의 재치와 순발력, 코미디언의 경연장을 보는 듯하다.

언젠가 어떤 불교신문에서 오매일여에 대해 논쟁을 벌인 적이 있었다. 이 논쟁은 특별한 이유가 있어서가 아니다. 그것도 계속 말썽을 일으키며 논쟁을 이어간다 하였다. '오매일여의 현상이 가능한 것이냐 아니면 분별망상이냐' 하는 논쟁이었다. '자나 깨나 한결같다' 함을 생각이 끊어진 현상의 의미로 받아들인다면 무상정 단계의 현상과 유사하다 할 수 있다. 물론 상당한 경지라 할 수 있지만 학자들과 수행자들 간에 시빗거리가 되었다는 사실은 이해하기 어렵다.

깨달음의 과정에서 보면 이 자리는 오감을 넘어서기 시작하는 자리이고 전의의 바로 아래 경지이다. 선방에는 10안거나 20안거를 감당한 수행자가 적지 않다고 한다. 이 같은 전문적인 수행자들에게 무상정 정도라면 대단한 경지도 아니고 체험하기 어려운 자리로도 생각되지 않는다.

그런데도 시비를 가리기 위해 나서는 수행자들이 보이지 않는다. '이 경지를 체험했더니'도 아니고, 알면서 방관하는 것 같지도 않고 참으로 난해하다. 혹시 이해조차 못하고 있는 것은 아닐까.

승묘경계도 무상정 정도 경지의 또 다른 이름이다. 전등록에 승묘경계에 대한 적절한 예들이 있다. '애석하다. 죽어버리고 다시 살아나지 못하는도다. 언구를 의심하지 않는 것이 큰 병'이라며 이 경계에서 화두를 잡아야 한다고 경책하는 내용이다.

원오가 대혜를 인가한 글에서 나오는 구절인데 생각이 끊어진 자리에서 '언구를 의심하지 않음'이란 화두를 가리키는 것으로 여겨지는데 참으로 황당하다. 오감을 초월하기 위하여 감각의 거대한 벽을 타고 기어오르는 수행자의 허리춤을 잡고 다시 의식차원으로 끌어내리는 행위나 다름없다.

마조는 방밖에서 벽돌을 벅벅 갈아서 좌선하는 백장을 좌복에서 끌어낸다. 행주좌와(行住坐臥)에서 가부좌가 선의 근본이라는 달마 이후의 철칙이 조사들에 의해 별다른 저항이나 거부감 없이 폄하되고 훼손되는 현장이다.

마조는 기본부터, 원오는 오감의 한계점에서 결정적으로 공부하는 방법을 그르쳤다. 뚜렷한 공부법이 없어서 절망한 나머지 자신들이 무슨 일을 하는지 모르는 사이 일어난 일이라고 이해해야 할까. 청 말기 한 스님이 "송나라 이후에는 깨달았다고 하는 자는 많은데 깨달은 스님은 볼 수가 없었다"라고 한탄하던 말이 떠오른다.

중국 선종이 한계점에서 출구를 찾지 못해 고뇌하고 방황하다 만들어낸 것이 묵조선이고 간화선이다. 명상에는 간화선적인 요소가 기본적으로 포함되어 있기는 하다. 그러나 부처를 추구하는 전문 수행법이라고 하기에는 너무 평이하고 허술하다. 이 같은 수행체계에서 깨달음을 이룬 각자가 나오지 않은 것은 당연한 일이다.

어쨌든 검증되지 않은 중국의 선법을 맹목적으로 받아들여 가감 없이 계승, 고수하고 있는 한국 불교에서 무상정 정도의 오매일여 수준을 둘러싸고 논쟁을 벌이면서도 부끄러움을 모르는 것은 참으로 애석한 일이다.

이 정도의 경지조차 전문 수행자들이 알지 못하고 이해하지 못하는 사실은 현재의 수행법 자체가 크게 잘못 설정되어 왔음을 증명하는 것이다. 심각하게 뒤돌아보아야 할 일이다.

반야경에서 말하는 공(空)으로의 여행에서 가장 중요한 맥점은 의식의 한계를 초월하는 방법이다. 한 번뿐 아니라 계속 공 체험이 지속되어야 한다. 또한 수행자가 바란다면 그 체험이 어렵지 않게 계속 이루어져야 한다.

 전의를 하기 위해서는 고도의 명상 상태 즉 생각이 끊어진 상태를 유지해야 함과 동시에 육체는 오감의 감촉이 차단되어 의식이 일어날 수 없을 정도여야 하고 호흡도 아주 미세해져야 한다. 요컨대 생각이 빈 상태를 유지하도록 육체가 철저히 뒷받침한다면 인간의 한계인 오감의 벽을 훌쩍 넘어서게 된다.

 지관법이나 묵조선법은 전의 후의 명상현상인데 이 법들을 수행자들에게 따라하라고 하면 가능할까. 이 방법들은 의식의 한계를 넘어서는 방법이 아니다. 이 과제를 풀어야 오감의 한계를 뛰어넘어 공의 세계에 발을 내디딜 수 있다. 그것도 한 번만이 아니라 수시로 드나들 수 있어야 한다. 그것이 가능해져야 반야를 공 굴리듯 굴릴 수 있다. 기껏 문틈으로 한 번 살짝 들여다보는 것쯤으로는 어림없다.

 중국불교의 수행방법을 살펴보면 정신적 차원만 강조할 뿐 육체적 차원에 대해서는 언급이 없다. 수행을 마치 생각만으로 가능하다고 여기는 것처럼 느껴진다. 고된 수행을 감당하고 인간의 한계인 오감을 초월하며, 또한 공의 세계에서의 여행을 효과적으로 수행하는 데에는 그 현묘한 의식 상태를 유지하고 발전시키도록 정밀하게 떠받쳐 줄 육체적 여건이 무엇보다 중요하다.

 쿤달리니는 명상에서 정신과 육체의 역할을 조화롭게 수행하면서[性命雙修] 구경지까지 참으로 충실한 안내자의 역할을 맡고 있는, 명상에서는 반드시 필요한 반려자이다. 그래서인지 인도에서는 쿤달리니를 성자의 어머니라고 부른다.

쿤달리니에 대한 기록들은 요즘은 우리나라에서도 쉽게 접근할 수 있어 서점이나 도서관에서 편하게 만날 수 있다. 쿤달리니 각성에 대한 기록들을 보면 황홀하고 현란하다. 그러나 각성에는 부정적인 기술도 있다. 각성으로 인한 후유증이 상당히 심각하다는 것이다.

의식이 초월을 하기 위해서는 완벽한 육체의 건강이 필요하다. 쿤달리니는 각성하자마자 육체의 허술한 곳을 찾아 보수작업을 시작한다. 즉 완전한 건강을 위한 치유 작업을 시작한다. 각성으로 인한 후유증이 바로 이 치료 때문에 느껴지는 고통이다.

쿤달리니 기(氣)는 육체의 부실한 곳을 보완하고 병적인 요인들을 치료하면서 상당한 고통을 유발시키는데 자연각성 하였을 경우 그 고통을 감당하기 어렵다. 첨단이라 자랑하는 현재의 의학으로도 쿤달리니 계통의 고통은 진단조차 할 수 없을 정도이다.

그러나 쿤달리니의 기가 몸 전체를 점검하고 치유를 마치면 완벽한 건강을 얻게 된다. 깊은 명상을 통해 정신적 초월을 감당해 낼 수 있는 육체적인 조건을 갖추게 된 것이다. 이 조건을 갖추고 명상에 매진한다면 바로 부처의 길에 들어서게 된다.

팔상록에서 세존께서 성도하기 전 '마왕의 유혹을 물리치고 마왕의 귀의를 받은 태자는 그 다음날 샛별이 올라옴을 보고 아뇩다라샴막삼보리의 큰 깨달음을 이루시니'라는 내용을 볼 수 있다.

쿤달리니가 각성되어 완성단계에 접어들면 영적차원의 많은 체험들을 하게 된다. 처음에는 잠재의식 속에 잠겨 있던 좋고 나쁜 과거의 일들이 떠올랐다 사라진다. 또한 불쾌하고 고약한 귀상(鬼相)들이 나타나 유혹하고 위협하기도 한다.

명상하는 동안 영적차원의 여러 단계의 세계들을 보게 된다. 여기서 신령들로부터의 현실적인 갖가지 유혹을 경험하기도 한다. 시간이 지나면서 신령들이 점차 성숙해지다가 나중에는 신성한 세계의 존재 모습들을 보는 것으로 중생계의 여행을 마치게 된다.

'샛별이 올라옴을 보고'라는 글을 보면 마치 정상적인 의식에서 눈으로 별을 인식함과 동시에 깨달음을 얻는 것으로 보인다. 이것이 후세인들의 공부에 상당히 부정적인 영향을 미친다. 선서(禪書)를 보면 '시절 인연이 도래하면' '안이비설신의 인연에 따라' '철저한 부정이' '방과 할(喝)' 등에 의해 깨달음을 얻게 된다는 표현들이 있다. 집중과 집념, 염력이 어떤 계기를 만나 깨달음을 불러올 수 있다. 사람들은 사는 동안 어떤 일에 몰두하면 가끔 이런 깨달음을 얻게 된다.

집중이나 집념으로 긴장상태이긴 하지만 이 경우도 사람의 정상적 의식상태에서 일어난 깨달음이다. 이와 같은 일반 의식 범주에서의 깨우침은 목표로 했던 숙제를 푼 생활의 지혜 정도일 뿐이다.

이런 깨달음은 반야경에서 말하는 깨달음과는 전혀 다른

차원이다. 세존께서 교시한 깨달음은 사량분별을 떠난 깨달음이고 현상세계를 초월한 피안세계로의 진입을 의미한다. 그리고 철저히 명상 가운데서 체득한 경우에 한정한다. 현재의식의 숙제 정도를 해결한 깨달음을 세존이 교시한 깨달음과 동일하다는 주장은 세존의 교시를 매우 잘못 인식한 것이고, 아전인수이며 비불(非佛)이라 하지 않을 수 없다.

반야경에서 말하는 깨달음의 체험들은 모두 명상하는 가운데 의식이 단절된 상태에서 일어나는 일들이다. 경전에 나오는 '꽃비'나 '샛별' '천인' '아수라' 등 초현상의 체험들은 눈이나 귀 등 오감으로 인지하는 것이 아니라 철저히 명상 중의 체험이다.

쿤달리니 완성 후 전의 또는 전도라고도 표현하는 의식이 완전히 뒤바뀌는 자리가 있다. 이 자리부터 공의 영역에 속한다. 이로부터 계속 나아가면 샛별을 체험하게 된다. 바로 초월의 정점에 다다른 것이다. 이 자리만 해도 의식으로 느껴지는 '나'가 아니지만 분명히 자의식이 있는 자리이므로 이를 유상삼매의 영역이라 하였다.

무아의 자리는 샛별을 보는 자리로부터 한동안 더 수행해 가야 한다. 돈오나 견성을 전의의 자리 또는 무아의 자리라고 주장하는 사람들이 있는데 잘못된 주장이다. 의식이 전도된 자리와 무아의 자리는 거리가 멀다.

전도된 자리에서는 내가 존재한다는 미세한 식이 있다. 그러나 무아의 자리에서는 참으로 내가 없는 것을 알게 된다. 인식되는 모든 것이, 의식 자체가 완전히 단절된다. 주관과 객관이 완전히 단멸된 자리, 바로 적멸이다.

이상 공부 자리를 간단하게 서술했는데 반야의 세계는 쿤달리니가 각성된 사람만이 갈 수 있는 깊고 깊은 내면의 세계이다. 세존이 수행 중 항마와 새벽별을 본 체험, 또한 무아를 설하였다는 것이 바로 쿤달리니를 통해 공부하였다는 증거이다.

쿤달리니 각성자는 희귀해서 한 세기에 두세 명이 나올까 말까 한다고 요가 수행서는 말하고 있다. 지금도 인도에서는 쿤달리니에 도전하는 수행자를 영웅으로 대접한다고 한다. 그럼에도 불구하고 쿤달리니를 공부하는 방법은 인도를 포함하여 어디에도 없다.

그러나 우리나라에서는 쿤달리니를 각성할 수 있는 방법이 만들어졌다. 쿤달리니를 활용하면 세존과 같은 부처의 발자국을 뒤따라가는 것이 가능하다. 다시 말하면 내적 세계를 추구하기 위해서 쿤달리니는 반드시 동반해야 할 중요한 길잡이요, 반려자이며 보호자이다.

건강 차원에서도 어떤 운동이나 스트레칭도 쿤달리니보다 더 효과가 좋을 수 없다. 간지러움조차 느낄 수 없을 정도로 몸의 상태가 항상 쾌적하다. 만약 간지러움 정도의 미세한 감각이라도 있다면 바로 생각을 불러오므로 초월명상에 몰입할 수 없기 때문이다.

4. 무아(無我)와 참나(眞我)

무아의 경지를 체득하면 부처가 된다는 무아설(無我說)은 최상의 진리로 존중받는다. 이 가르침을 기본으로 불교가

세워졌으므로 무아설은 불교 사상의 핵심이고 불교 그 자체라고도 할 수 있다.

세상의 모든 사람들은 '나'라는 자의식이 있어서 환경에 대응하고 적응하면서 살고 있다. 법구경에 '자기는 자기의 주인이다'라고 선언하듯 '나'라는 자아(自我)는 삶의 명백한 주체이다.

사람들은 육체와 정신이 결합된 자신의 몸[色]을 '나'로 생각한다. '나는 슬프다' '나는 사랑한다' 등의 감정이나 느낌[受]도 '나'로 여긴다. 마찬가지로 생각, 의지나 욕구[行], 의식[識] 등의 작용도 '나'라고 표현한다.

사람들은 형이상학적 실체로서의 자아뿐 아니라 윤회의 실체인 영혼까지도 '나'의 범주에 포함시키고 있다. 엄연한 사실이고 진리일 듯싶다. 그런데 석존의 가르침은 '나'를 부정하고 '나'라는 자아는 없다고 가르친다. 어떤 의미일까.

현상 중에 분명히 인식되는 자아의식을 부정하는 무아의 개념을 깨닫고 이해하기는 참으로 어렵다. 세존도 '이 교의는 심원하여 보기 어렵고 이해하기 어려우며, 추론의 영역을 초월하고 미묘하여 현자만이 이해할 수 있다'라고 장부경전에서 말하고 있다. 무아론은 불교의 가르침 중 가장 이해하기 어렵다는 것이 불교학자들의 중론이다.

석가세존의 가르침인 무아에 접근하기 위해서는 두 가지 방법이 있다. 첫째 전통적인 방법으로 '오온(五蘊)에 대해 이와 같이 나도 아니고 나의 것도 아니라고 관찰한다'라는 잡아함경의 구절처럼 '내가 아님[非我]'을 관(觀)하는 데에서 출발한다.

실천 수행법으로 관법은 힌두교와 원시불교 이래 중국의 묵조선까지 명상법의 주류를 차지하던 방법들이다. 선종도 화두를 참구한다 하지만 화두도 관법의 영역에 포함된다.

이 수행법의 문제점은 세상의 상식을 벗어난, 즉 사리에 어긋나는 것 같은 내용에 집중한다는 것이 수행자에게는 쉽지 않다는 것이다. 이미 완성된 부처를 수행을 통해 확인한다는 공부방법도 사리에 맞지 않기는 마찬가지다. 강력하게 관심을 끌어줄 동력이 있어야 집념이 생기고 계속 집중하고 쳐다볼 수 있다. 한 마디로 공부가 매우 힘든 데 비해 효과는 대수롭지 않다는 점이 과제다. 보다 근본적인 문제는 불교의 진리에 접근하기 위해서는 견성이나 초월 같은 인간의 한계점을 돌파하는 확실하고 일반적인 행법이 있어야 하지만 일상적 언어들로 표현한 방법들만 전승해 오고 있다는 점이다.

요컨대 오온으로 구성되어 있는 '나'가 '나'가 아님[非我]을 알아야 '나'가 없는 무아(無我)를 공부하는 차원으로 넘어가는 것이 공부하는 과정이다.

둘째 쿤달리니 각성을 통한 수행방법이다. 이 방법은 과거에는 존재하지 않았으므로 수행자들에게는 각성이 선망의 대상이었지만 접근하는 방법이 없었다. 쿤달리니 각성은 매우 희귀했던 것 같다. 인도에 수행자는 수없이 많지만 각성자는 '한 세기에 2-3명이 나올까 말까 한다'라고 요가서는 말하고 있다.

쿤달리니가 각성되면 완성하는 과정에서 오온으로 이루어진 육체가 '나'가 아니란 것[非我]을 어렵지 않게 터득할 수 있다. 육체는 언제든지 자신의 마음대로 조절이 가능하고 마치 기계와 같은 메커니즘으로 움직임을 알게 된다.

육체는 옷과 같아서 탈부착이 가능하며 낡으면 넝마로 버려지고, 또한 자동차와 같아서 타다가 내릴 수 있으며 고장이 잦으면 폐차장에 버린다는 것도 인식하게 된다. 그래서 본래의 '나'는 태어나지도, 죽지도 않는 영생 불사하는 존재임을 깨닫게 된다. 관점을 바꿔 삶을 영위하는 현생의 시점에서 보면 사람을 비롯한 중생은 모두 윤회의 수레바퀴에서 한 순간도 쉬지 않고 돌고 또 돈다는 사실을 저절로 터득하게 된다.

이처럼 분명히 실존한다고 여겨지는 '나'가 어째서 무아일까. '나'를 알기 위해서는 우선 생각을 볼 수 있어야 한다. 그러나 생각을 본다는 것은 쉬운 일이 아니다. 생각은 형체가 없어 독자적으로 인식하기 어려운데다 육체와 연동되어 움직이므로 따로 분리해서 보기가 어렵다. 그래서 '당신은 누구냐?' 하고 물으면 자신의 몸을 가리키는 것이 일반적이다.

상당한 경력의 수행자에게도 생각을 본다는 것은 쉬운 일이 아니다. 생각을 볼 수 있는 능력이 생기면 바로 수없이 많은 종류의 생각들이 끊임없이 이어져 일어나는 것을 알게 된다. 생각을 알아차리면 그 생각이 즉시 사라진다. 이것이 계속되면 생각과 생각 사이에 빈 공간이 만들어진다. 이 의식의 공간 간격이 상당할 정도로 넓혀지면 이를 무상정, 또는 멸진정이라 한다.

무상정이나 멸진정은 이 경지를 체험한 수행자들이 나름

대로 붙인 이름이지만 같은 경지여서 이무상정(二無相定)이라 한다. 이무상정의 경지에 도달할지라도 초월의 경지로 진입하기는 낙타가 바늘구멍을 통과하는 것처럼 어렵다. 앞에서 설명했듯이 완벽한 건강이 뒷받침하여야 가능하다.

전의의 문턱을 넘어 정점에 서면 샛별과 같은 선명한 자아의식이 빛을 발한다. 석가모니가 대오하였다는 자리이며 바로 천상천하 유아독존(天上天下 唯我獨尊)이라는 의미를 되새기는 곳이다. 이 경지를 초월의 경지라 이름하였다.

무아의 체험은 초월의 다음 자리이다. 여기서는 의식 자체가 완전히 소멸되는 바로 적멸의 경지이다. 경전에서 아체(我體), 본체(本體), 실체(實體)라 할 만한 것이 없어 무아라고 하였는데, 이를 체험하고 증오(證悟)하는 자리이다.

잡아함경이 무아에 대해 설한 내용을 보면 '색(色)은 나[我]를 지니지 않는다[非我]' '색(色)은 내[我]가 없는 것[無我]'이라 하였다. 연기설과 관련하여 '비구들이여! 색은 비아이다. 색을 생기하는 인(因)과 연(緣)도 비아(非我)이다. 비구들이여! 비아인 인과 연으로부터 생기한 색이 어떻게 '나'인 것인가!'라 하여 인연법으로 파생한 현실에 존재하는 '나'를 부정하고 있다.

불교서적의 무아에 대한 구절은 '인간이 자아라고 알고 있는 것은 오온, 즉 색·수·상·행·식이라는 신체와 정신의 복합적인 작용에서 오는 특성과 성질로서의 자아관념일 뿐이다'라거나 '인간의 자아란 실체가 아니다. 인간을 구성하고 기능하게 하는 신체와 정신인 오온 가운데서 '나'라는 실체적 존재는 없다'라고 하여 역시 '나'를 부정한다.

이와 같은 무아론의 주장은 현상에 존재하는 물질로 이루어진 사람 자체에는 '나'라고 할 만한 주체나 실체가 없다는 의미이다. 명상을 통한 실증 차원에서도 이는 증명된다. 명상을 처음 시작할 때 사람들은 '내가 무엇일까'라는 자문자답을 하게 된다. '이 머꼬'로 알려진 화두는 실천명상에서 가장 기본적인 사색방법이다.

명상 수행자는 누구나 자기 자신에 대해 많은 시간을 집중하고 탐색하게 마련이다. 그러나 '나'라는 의식을 형성하고 주도한다고 여길 만한 어떤 것도 발견할 수 없다. 초월의 경지에서는 '나'라고 여겨지는 주체는 새벽별 모양의 아뢰야식의 표상으로 보인다. 무상삼매에 들면 비로소 무아를 터득하게 된다.

그렇다면 현재 '나'라고 하는 명명백백한 이것은 무엇인가. 과거·현재·미래는 어떻게 설명해야 하는가. 윤회의 주체는 무엇일까 등의 문제들이 제기된다. 이 세상은 번뇌망상에 의해 알맞게 잘 꾸며진 드라마 공연장이다. 파고 들면 들수록 '나'는 점점 희미해져 결국 아무 것도 발견할 수 없게 된다.

무아를 터득하면 금강경에서 말하는 꿈[夢]·물거품[泡]·그림자[影]·이슬[露]·번개[電] 등 세상은 무상(無常)하므로 이와 같이 보아야 한다는 육유(六喩)반야의 가르침에 저절로 익숙해진다.

무아론에 의하면 현상세계에서 삶의 주체로 작용하고 있는 '나'는 의식작용이나 오욕 칠정 등 감정들이 조작한 허상일 뿐이다. 이 '나'라는 의식은 이 현상세계에서, 나아가서는 삼계육도의 범부 중생들의 세계에서나 통용되는 주체일 뿐이다.

끊임없이 이어지는 번뇌 망상의 흐름은 초월의 경지로 들어서면서 생각과 생각 사이에 공간을 넓혀가다 무상삼매의 경지에 들면서 머리의 사고기능과 분별작용이 단절된다. 이 시점부터 명상 중에는 물론 실생활에서도 생각의 일어남이 현저히 줄어들다가 머리의 기능이 정지되어 텅 비어버린 것처럼 된다.

이 자리가 무아의 경지이다. 이 자리부터 번뇌 망상이 종결되고 분별하는 작용 없이 바로 말과 행동이 이루어진다. 무위의 행이 시작된다.

'나'라는 자성이 없어 무아라 한다면 윤회론은 어떻게 설명해야 할까. 쿤달리니가 완성되고 초월에 들어서는 단계에서 중생들의 삶이 윤회하고 있음을 행과 증을 통해 깨닫게 된다. 윤회는 중생이 무명의 업에 의해서 삼계육도의 생사세계를 끊임없이 돌고 도는 것을 말한다.

윤회를 한다면 윤회하는 주체가 당연히 있어야 한다. 이 윤회의 주체를 사람들은 영혼이라 부른다. 모든 현상을 일으키는 바탕이 되는 근본 마음이라는 아뢰야식과 중생의 번뇌 가운데 덮여 있는 자성청정(自性淸淨)한 여래법신이라는 여래장도 그 뜻으로 보면 윤회하는 주체의 다른 이름이라 할 수 있다.

또한 모든 중생들이 갖추고 있다는 불성(佛性)도 윤회의 주체에 포함될 수 있을 것이다. 다만 여래법신이나 불성은 윤회와는 관계가 없지만 그 위에 뒤덮인 번뇌망상에 징발되어 끌려다니며 생을 반복하고 있을 뿐이다.

윤회는 끊임없이 이어지는 생과 사의 문제를 현상의 사람의 관점에서 보는 견해이다. 영혼의 관점에서 본다면 본래 죽고 삶이 없이 무시무종하여 영생하는데 잠시 업력 따라 어떤 배역을 맡아 그 역할을 수행하는 정도이다. 따라서 윤회라 할 것이 없다.

영적 진화를 위한 수행은 사람의 몸을 받아야 가능하다고 여겨진다. 감각기관이 있어야 수행할 수 있다고 불서는 말한다. 여기에 원을 세운 영적 존재는 세상에 나와 수행자의 역할을 하게 될 것이다. 따라서 무상삼매에 이르면 다시 윤회하는 일은 없을 것이다.

불교서적에서 견성하면 아뢰야식이 녹아 소멸된다는 글귀를 볼 수 있다. 과연 견성을 하면 아뢰야식이 소멸되어 '나'라고 하는 자의식이 소멸될 수 있을까. '이 법을 깨친 자는 생각이 없다. 기억과 집착이 없어서 망념이 일어나지 않고…'라면서 생각과 기억, 집착이 없다고 말한 조사가 있다. 생각이 일어나지 않는 것과 집착이 없어지는 것은 옳은 말이다. 그런데 기억이 없다고 한 말은 틀린 말이다.

세존께서 과거의 기억을 잊었다고 여길 만한 구절은 어디에도 없다. 오히려 수많은 과거 생까지 세밀하게 열거하며 교설하고 있다. 과거의 기억을 상실했다는 근거는 그 선사가 쓴 책이나 언행록 어디서도 역시 발견할 수 없다.

전의한다 하여 과거의 기억이 소멸되는 것이 아니다. 다만 생각이 일어나지 않으므로 느끼지 못하지만 계기가 되면 언제든지 회상된다. 또한 가치관의 대변혁으로 과거에 애착을 느끼지 않고 그 일로 구속되지 않을 뿐이다.

　이제 진아(眞我)에 대해 살펴보자. 진아란 인도 힌두의 수행자들이 최근 책을 내면서 사용한 신조어라 한다. 이들이 말한 진아는 불교의 견성 수준의 경지와 비슷한 개념이다. 여기서 말하는 진아는 힌두의 진아와 차원이 다르므로 구별하여야 한다.
　대반열반경 애탄품을 보면 다음과 같은 내용이 있다. '…이것은 때를 알고 방편으로 중생을 제도하려는 고로 일체법에 그 성품이 나[我]라고 할 것이 없다고 설했으나 세간에서 말하는 오아(吾我)가 아니다. 고로 일체법에 그 성품이 무아라고 한 것이며 이때 다시 나[我]를 설하니 …마땅히 알아야 할 것이니 나[我]란 것은 실재하는 것이며 상주불변법이며 마멸되지 않는 법이며…'
　여래성품에 '…내가 없는 것[無我]을 닦으면서도 내가 없는 데를 알지 못하나니, 내가 없다는 참 성품도 알지 못하거늘 하물며 내가 있다는 참 성품이야 어떻게 알겠는가. …중생들이 한량없는 번뇌에 덮여서 불성을 알지 못하다가 번뇌가 없어지면 그때서야 증득함이…'라는 문장이 보인다.
　세존의 가르침의 대의는 무상·고·공·무아이다. 그런데 열반경에서는 자신이 펼친 불교의 핵심인 무아의 경지가 궁극점이 아니며 다음 단계에 새로운 '나'를 등장시킨다. 능가경에서는 진아라는 용어가 여기저기 널리 사용된다.
　사람의 능력으로는 의식의 한계를 넘어서는 것조차 거의 불가능하다. 세존 멸후 현재까지 이에 도전한 수행자는 무수히 많았지만, 또한 초월하였다 자칭하는 사람은 종종 있었지만 이를 원만히 성취한 흔적은 보이지 않는다.

사람으로서는 공차원에 들어서는 것조차 어렵다. 게다가 '무아'의 체득은 사실상 불가능하다. 더우기 새로운 '나'를 등장시킨다는 것은 혼란과 좌절만 가져올 뿐이다. 그래서 경전에서는 무아 정도를 우선 드러낸 것이다.

열반경에서 밝힌 '나'는 세상에서 흔히 말하는 '나'의 개념이 아니며, 상주불변하여 영원하다고 말하고 있다. 사람들이 '나'라고 하는 개념은 자의식이다. 이 자의식이 사람들에게는 알파요 오메가이다. 이 의식체계는 삼계육도의 중생계에서는 절대가치라 할 수 있지만 공차원에서는 의미조차 없다는 것이 반야경의 가르침이다.

무아의 경지가 다하면 진아를 체험하게 된다. 초월의 정점에서 '나'라고 인식된 샛별 같은 광구(光球)보다 비교할 수 없이 크고 서릿발이 돋을 정도의 투명한 빗살을 내뿜는 광구(光球)처럼 보인다. 이 광구를 보는 즉시 '나'로 인식되고 바로 그 광구 속으로 빨려 들어가게 된다. 이를 참나[眞我]라 이름하였다.

'나'와 무아, 참 나를 정리하면 현상에서 '나'는 번뇌 망상으로 인한 연기법에 의해 만들어진 것이므로 공의 과정을 거치면서 소멸되어 '나'라 할 것이 없어 무아임이 드러나게 된다. 번뇌 망상이 진멸되어 청정해지면 비로소 불성 즉 참 '나'가 모습을 드러내는 것이다.

5. 색(色), 무(無), 공(空)

　일체 법계와 구경계를 함축시켜 색과 공, 무로 표현하는 용어로 무상·고·공·무아와 함께 불교 교리에서 핵심적인 용어이다.

1) 색(色)
　삼라만상의 물질적 존재 모두 또는 일부를 지칭하는 용어이다. 색(色)·수(受)·상(想)·행(行)·식(識) 오온을 색온이라고도 한다.
　색은 크게 세 가지로 구분하는데 첫째는 색깔이다. 시각을 통해 볼 수 있는 빛깔을 말하며 청색, 황색, 적색 등 색깔과 구름, 연기, 안개, 햇빛, 명암 등을 포함한다. 둘째는 형상이다. 오감으로 보고 느껴 인식하는 형태인데 길고 짧은, 모나고 둥근, 높고 낮은, 마르고 구부러진 모양 등이다. 셋째는 움직이는 형태로 앉거나 누운, 왔다 갔다 하는 동작이나 행동 등이다.
　이상의 색의 구분은 오감에 비친 모든 현상들을 오온 즉 색·수·상·행의 범주에 포함시킨 점에 유념하여야 한다. 일체 제법을 일컬을 때는 색과 심(心) 두 가지로 나눈다. 여기서 유의할 점은 마음을 색의 범주에 포함시킨 부분이다. 심은 오온(五蘊)의 식온(識蘊)에 해당한다.
　물질이나 빛, 형태나 모양 또한 어떤 사물의 움직임을 색이라 하면 그런대로 이해할 만하다. 그런데 오감으로 인지할 수 없는 정신적 차원인 의식작용까지 물질적 차원의 색이라 한다. 우주의 모든 존재는 마음이 변하여 드러난 현상이라는 데 그 이유가 있다.

만물은 마음의 변화에서 나타난 것으로 '마음을 여의면 존재하는 것이 없다'라는 이론에 따른 것이다. 예컨대 마음은 솜씨 좋은 화가와 같아서 갖가지 형체나 모양을 도화지에 그리는 것과 같이 삼라만상 모든 것을 마음이 만든다고 주장한다.

그러므로 '만물[色]은 마음[識]이 나타난 것이면서 마음[識]의 대상이고 마음을 떠나 있는 것이 아니므로 만물[色]이 곧 마음[識]이다'라는 논리이다.

마음은 윤회하면서 시작과 끝이 없는 존재이다. 다만 수행을 닦아 무아의 경지에 들면 윤회체는 소멸된다. 윤회체는 삼계육도 등 세상을 살아가는 자의식이면서 불성을 가리고 있는 번뇌 망상체이므로 무상삼매에서 소멸한다면 무아(無我)가 되는 것이다.

2) 무(無)

무는 없다·존재하지 않음을 의미하며 있다·존재의 반대개념이다. 열반경은 무를 아직 안 생긴 것, 있다가 소멸된 것, 서로 다른 것으로서 없는 것, 원래 없는 것 등 네 가지로 구분한다.

유(有)와 무(無)의 상대개념에서 없다라는 무의 의미가 비었다 또는 공허하다의 공(空)의 의미와 비슷해 혼용되는 경우가 많은 것 같다. 불교의 경론(經論)이 중국에 전해지던 초창기에는 공에 대한 개념을 정확히 이해하지 못한 듯하다. 그래서 도가(道家)사상의 무(無)에 의존하여 공을 정의하고 무와 함께 사용한 것으로 되어 있다.

　노자의 도덕경 제 40장에 '천하 만물은 유(有)에서 생기고 유는 무에서 생한다'라는 구절이 있는데 이 무와 공을 동일시하여 이해하였다. 그 후 구마라집이 건너와 역경작업을 하면서 노장(老莊)의 무와 불교의 공은 근본적으로 차이가 있다는 것을 가리게 된다.

　노장의 무는 사물이 그 곳에서 발생하고 그 곳으로 돌아가 소멸하는 발생적, 환원적 실체로서 유에 대한 무로 보게 되었다. 대승의 인도 불교에서도 한 때 무와 공의 구별에 혼선이 있었던 듯하다. 불교는 공이란 '있는 것도 아니고 없는 것도 아니다'라 하여 비유비무(非有非無) 즉 사고의 범주를 초월한 것이라 하여 무와 구별한다.

　그러나 당송대(唐宋代)의 불교는 유교와 도교를 포교의 방편으로 활용하면서 공을 무의 의미와 구별하지 않고 사용하였다. 그리고 조주(趙州)의 무자(無字) 화두가 참선의 주류를 차지하고 회자되면서 선종에서 무는 깨달음의 의미로까지 쓰이게 되었다.

3) 공(空)

　공의 불교사전적 의미는 '일체법은 인연을 따라 생겨난 것인데 거기에 아체(我體), 본체(本體), 실체(實體)라 할 만한 것이 없으므로 공이라 한다. 따라서 세상의 모든 질서는 제법개공(諸法皆空)'으로 규정하고 있다.

　불교경전에서 공을 처음 설한 것으로 보이는 아함경에 수

록된 기록을 보자. 아난다가 세계가 비었다는 말의 뜻이 무엇인지 부처에게 물었다. '아난다여! 그것은 자아(아트만)와 자아의 본질적인 무엇이 비었다는 의미이다. 그렇다면 비었다는 것은 무엇인가? 그것은 다섯 가지 감각기관을 통한 인식[前五識]과 마음[分別心] 그리고 느낌[感情] 등 모든 것은 자아나 자아와 같은 어떤 것이 있지 않다.'

위 글의 의미는 세상 만물은 인연을 따라 생겨났으므로 '나'라고 할 만한 주체가 없고 또 스스로 존재할 만한 자성이 없으므로 공이며 오감기능의 수·상·행·식조차 없다는 것이다. 이 같은 뜻으로 볼 때의 공은 사람들이 느끼고 감지할 수 있는 물질세계의 현상적 차원이 비었다는 의미이다.

능가경에서 설한 비유비무(非有非無)에 대한 가르침을 들어보자. '대혜여! 비유컨대 연기성에 의지하는 까닭에 갖가지 망령된 분별과 집착성이 일어나니 그것이 허망한 분별상이라 비유이고 비무이며 유이고 무인 것이 아니니라. …왜 비무인가. 환(幻)과 같고 꿈에 여러 사물이 보이는 것과 같은 까닭이다. 왜 비유인가. 사물이 자성이 있는 것이 아닌 까닭이다. 보되 봄이 없는 까닭이며 취하되 취함이 없는 까닭이니 이 때문에 비유비무(非有非無)라 한다.'

현상적인 차원에서 보면 주체나 자성이 없는 색은 바로 공이고 반대로 공은 색이 되는 것이다. 따라서 모든 법의 현상은 있는 것도 아니고 없는 것도 아니라고 할 수 있다. 이와 같이 공의 정의가 있는 것도 아니고 없는 것도 아니라면 불교의 구경지라는 공의 세계가 너무 허망하다. 그런데 '공이 없음의 공이 아니고 없어짐의 공도 아니다'라며 공이 허무적인 차원이 아니라고 불교는 주장하고 있다. 또한 공을 관하는 것은 진실한 가치의 발견이므로 허무주의가 아니라고 역설하지만 일반 사람들에게는 설득력이 부족하다.

대승 공종(空宗)의 시조인 용수(龍樹)의 공에 대한 견해를 보자. '만약「산출하는 행위」등이 존재하지 않는다면 참된 실재도 그릇된 실재도 존재할 수 없을 것이다. 만약 참된 실재도 그릇된 실재도 존재하지 않는다면 그 존재하지 않는 것으로부터 결과[報]도 생겨날 수 없다.'(中頌 8장 5) '만약 실재적인 결과가 없다면 천상이나 궁극적 자유(열반)에 이르는 길도 존재하지 않을 것이다. 따라서 모든 산출하는 행위들은 목적이 없음을 알 수 있다.'(中頌 8장 6)

용수는 행위자와 그 대상이 없다면 과보가 있을 수 없다고 말한다. 과보가 없으므로 천상이나 열반 등의 구경지가 있을 수 없다고 부정한다. 용수의 견해를 다시 들어보자.

'의존성[受]이 있을 때 독자적인 존재성은 존재하지 않는다. 만약 독자적인 존재성이 존재하지 않는다면 도대체 어떻게 다른 존재성이 있겠는가.'(中頌 22장 9) '그러므로 의존성[受]과 의존하는 것[受者]은 완전히 공이다. 어떻게 공한 여래가 공한 것을 통하여 알려질 수 있겠는가.'(中頌 22장 10)

용수는 여래가 의존적 관계의 존재가 아니며 독자적인 존재도 아니기 때문에 여래의 존재를 근본적으로 부정하고 있다. 위 예문의 중송 8장 5와 22장 9는 아체·본체·실체가 없어서 공이라고 하는 공의 원리와 일치한다. 그런데 8장 6과 22장 10은 앞 예문의 논리를 그대로 차용해 열반, 여래

등 궁극적 진리를 부정하고 있다.

22장 16에서는 '여래의 독자성은 곧 세간의 독자적인 존재성이다. 여래는 독자적인 존재성이 없으며 세간도 역시 독자적인 존재성이 없다'라고 역시 여래를 부정한다. 세상의 모든 사물이 자성이 없어 공이라고 한 가르침은 이론의 여지가 없다. 왜냐하면 전의, 또는 초월의 과정을 거친 사람이라면 현상적인 '나'를 투영시켰다고 여겨질 만한 어떤 것도 존재하지 않는다는 것을 인정할 수밖에 없다.

그러나 공부가 더 진전되면 현상의 '나'는 소멸되어 그동안 번뇌에 숨겨져 있던 불성 즉 자성이 새롭게 드러난다는 현상을 모르고 있으므로 용수의 공부가 궁극적 경지에는 미치지 못하였음을 드러낸 것이다. 따라서 최고의 진리도 세속적 활동과 연계되지 않고는 드러나지 않는다고 하는 용수는 열반, 여래 등 궁극적 관념들을 겨우 세속적 현상쯤으로 간주하여 동일한 방법으로 분석하였다. 용수가 만약 의식이 전의되고 적어도 무상삼매를 체득했다면 이처럼 세간의 논리로 잣대질 하지는 않았을 것이다. 혹은 중국식 견성처럼 한 번뿐인 특수한 경험 정도의 경지에서 자신도 확연 대오했다고 자만했던 것일까.

불교에서 말하는 공은 이상과 같이 사물에 주체가 없다는 개념으로 비유비무를 의미하는 정도에 그친다. 그러나 명상 중에서의 공은 생각이 끊어진 상태에서 의식이 전의되었을 경우에 한하여 접할 수 있는데 있다 없다가 아닌, 휘황찬란한 빛의 세계이다. 여기에 진입하기 위해서는 오직 아무상정의 상태에서 오감을 초월한, 즉 전의한 경우에만 가능하다.

실재의식은 가아(假我) 즉 아뢰야식의 소산이고 공은 진아(眞我)의 세계다. 공의 세계도 처음 전의했을 경우와 무자성(無自性)의 세계, 그리고 진공의 자성(自性)의 세계는 차원이 전혀 다르다. 공의 세계는 사람의 두뇌에 의한 추측이나 가정뿐만 아니라 상상을 초월하므로 인간들의 어떤 논리든 적용 또는 응용할 수 있는 세계가 아니다.

전의를 선종에서는 돈오라 부른다. 돈오를 하면 바로 확철 대오하여 공부를 다 마친 것으로 사람들은 알고 있다. 그러나 한 번뿐인 특수한 체험 정도로는 돈오라 하여도 겨우 오감의 한계를 넘어선 공 세계에 첫발을 디딘 것에 불과하다. 이 시점부터 상당 시간 더 수련해야 공부를 마칠 수 있다.

돈오하였다 하여 그 증오(證悟)에 합당한 지혜가 즉시 열리는 것이 아니다. 마치 물에 불린 치자에서 주황색 색깔이 며칠이 지나야 서서히 우러나듯 지혜도 상당한 시간이 지나서야 서서히 열린다.

이 열반세계는 천당이나 극락 등 삼계의 개념과는 차원이 다르다. 누구의 구원이나 보살핌 또 의지함이 없는 곳이고 얽매임이 없는 곳이다. 자재하며 항구 불변하는 곳이다.

쿤달리니 세계
금강경

초판발행: 2016. 6. 1

지은이: 김득주
펴낸이: 김득주
펴낸곳: 보문사

출판등록: 1987년 12월 1일 제301-2-383호
경기도 고양시 일산동구 은행마을로 62
전화 070-7530-5546, 010-5267-4264
사무실 : 서울특별시 구로구 구로동 98 대림오페라타워 802호
전화 070-8833-4264
쿤달리니와 명상 cafe.naver.com/kundalini

ⓒ김득주, 2016. Printed in Seoul, Korea

값: 20,000원
ISBN 978-89-86662-03-0 03220

※잘못된 책은 바꿔 드립니다.